MANNE VAN EER

DRUMMOND ROBINSON

Manne van Eer
Oorspronklik in Engels uitgegee as Men of Honor deur Drummond Robinson

GEBORG DEUR
NATIONAL PRIDE 63 (PTY) LTD.

OPGEDRA

Aan my eie pa, Robbie Robinson, 'n man wat hom gewy het aan eer, die waarheid en integriteit. Hy het altyd sy gesin en gemeenskap met geesdrif en getrouheid gedien.

aan my broer Ron wat altyd lief was vir die doelwitte van God, en daarom hulle en die kerk van God gedien het. Hy was 'n ware Man van Eer.

aan my vrou Lindah vir al die 'berge' wat jy my help oorwin het. Jy is my 'pêrel' van onskatbare waarde.

aan my seuns Brett en Greg, my skoondogters, Janine en Penny en my dogter Julie - julle het al ons hoop en drome vervul en ons verheug met jul verbintenis tot eer.

aan ons kleinkinders: Tianna, Angelee, Caylah, Nathan, Matthew en Benjamin - julle is ons beloning en eer.

aan elke Man van Eer wat ons vooruitgegaan het en van hierdie wêreld 'n beter plek om in te leef gemaak het. Ons volg nederig in jul voetspore.

DRUMMOND ROBINSON

SPESIALE WAARDERING

aan ons span by Family Transformation Ministries: Neil, Louise, Elolaine, Jai, Roberta, Themba en Thea. Ek eer julle vir jul passie en verbintenis tot ons en die bediening. 'n Spesiale dankie aan Roberta vir jou toewyding om die boek te tik en aan Jai en Jenna vir die finale uitleg en redaksionele hulp. Vir die vertaling in Afrikaans is Gerrit de Lange, Anria Swart en Elna Groothof te danke.

aan ons Harvest Christian Church Familie, aan Pastoor John Scholtz en die leierskap vir jul ondersteuning om God se roeping in ons lewens te vervul.

aan die spesiale mans en vrouens wat oor jare my en Lindah se getroue vriende is. Dankie vir jul liefde, sorg en ondersteuning. Julle het gehelp om dié boek moontlik te maak.

Die woordeboek definieer eer as eerlikheid, regverdigheid of integriteit. Ek kan daarvan getuig dat sover ek kan onthou hierdie kwaliteite die dryfkrag in my pa se lewe was. Gedurende my kinderjare het my pa deurgaans die beginsel van eer op elke gebied van sy lewe uitgebeeld en dit is waarskynlik die mees belangrike les wat ek by hom geleer het. Tans as pa van vier kinders, kan ek terugdink aan hoe my pa soveel situasies met eerlikheid, regverdigheid en integriteit hanteer het. My begeerte is om dieselfde onskatbare beginsel van eer aan my eie kinders oor te dra.

Greg Robinson

Eer word nie deur opvoedkundige instellings aan ons toegeken nie, maar deur die lewenskeuses wat ons maak: in ons privaat lewens, hoe ons ander en veral ons gesin hanteer. Om dié rede kan ek my pa aan julle aanbeveel as 'n man wat die boodskap van hierdie boek aan ons familie uitgeleef het. Dat ons hele familie die Here liefhet en dien, is 'n getuienis van sy leierskap as eggenoot en vader. Die wêreld en veral mans moet die boodskap hoor sodat ons ons eer kan terugeis, en ons gesinne en nasies kan herbou.

Brett Robinson

INHOUDSOPGAWE

Baie boeke is alreeds geskryf wat bemoedigende stories skets van mans en vrouens wat helde geword het deur wonderlike dade uit te voer. Stories oor mans wat die hoogste berge geklim het ten spyte van onoorkomlike gegewens, mans wat dapper in oorloë geveg het, en gereeld lewens vir hul land opgeoffer het, polisiemanne, brandweermanne en reddingspanne wat hul lewens gewaag en gereeld ook verloor het om ander te red in lewensbedreigende situasies. Die mans wat hul lewens verloor het tydens die 9/11 aanvalle in die Twin Towers Wêreldhandelsentrum in Amerika is steeds lewendige herinneringe. Hulle is helde wat die gang van geskiedenis beïnvloed het en ander inspireer het om nuwe hoogtes te bereik. Groot dankbaarheid is aan hierdie mans verskuldig.

In hierdie boek wil ek tog op 'n unieke element op mans fokus wat die lewens van hul naaste en die gang van geskiedenis kan beïnvloed. Dit is iets wat nie slegs beskore is vir 'n paar dapper mans nie, alhoewel dit daagliks ook dapperheid, uithouvermoë, betroubaarheid en diensbaarheid verg. Dit kan selfs van jou vra om jou lewe op 'n daaglikse basis vir ander neer te lê.

Ek verwys na die lewensveranderende roeping van God om daagliks in "Eer" te wandel; om volgens die Kode van Eer as allesoorheersende waarde te lewe en dit in elke verhouding toe te pas, Eer wat respek, waarde en waardigheid vir ons naaste inhou. Mans wat veral hul vrouens en kinders met respek en eer behandel deur hulle op te hef sodat hulle hul volle potensiaal kan bereik. Dit gebeur meestal buite die openbare oog: om stil en onopvallend te dien en te eer in houdings, woorde, dade, besigheidstransaksies en op elke ander gebied van die lewe.

Eer is iets wat daagliks vir elke man beskikbaar is. Dit mag moontlik nie die koerante haal nie, maar dit kan die gang van die geskiedenis vir individue, gesinne, gemeenskappe en nasies verander. Hierdie mans is ook, om die waarheid te sê, "helde" wat 'n positiewe bydrae tot ons lewens maak.

Hulle het eer nie net in dit wat hulle bereik het, of welstand, dade of dapper prestasies gevind nie, maar in die feit dat hulle geposisioneer is in hul verhouding om hulself aan God deur Jesus Christus oor te gee. Wat is dié Eer en hoe kan ons almal daarin leef?

Ek moedig jou aan om, eers alleen en dan later in 'n groep, deur die inhoud van hierdie boek en die opdragte aan die einde van elke hoofstuk te werk. Ek moedig jou aan om in die loopgraaf te klim en om die lewensbelangrike element te ontdek wat jou lewe en die lewens van jou naaste kan beïnvloed.

DRUMMOND ROBINSON

Hys die vlag

Dit is verbasend hoe die tyd verbygaan en ons vasgevang is in die roetine en verantwoordelikhede van die lewe. En dan, ewe skielik, gebeur iets wat inbraak maak op jou alledaagse en wat jou vir altyd verander: "'n dag van bestemming'. Hierdie boek se oorsprong is gebaseer op so 'n dag.

Ek het 'n oproep gehad van 'n man wat my oor 'n probleem in sy huwelik wou sien. Hy het 'n paar ure van ons af gewoon en ons kom toe ooreen om die daaropvolgende week te ontmoet. Toe hy by my kantoor opdaag, het hy my, in 'n kenmerkende Skotse aksent, begin vertel van die probleme wat hy al 'n paar jaar in sy huwelik ervaar het. 'n Ander vrou het betrokke geraak in sy lewe en hy was versot op haar. Niks het nog as't ware tussen hulle gebeur nie, maar sy gedagtegang was gedurig op haar gefokus en hy was seker dat sy ook dieselfde oor hom gevoel het. Hy was weer opgewonde oor die lewe en sy vervloë passie om gedigte te skryf, het weer opgevlam. Daar sou verseker nie van hom verwag word om voort te gaan met die huidige, vervelige huwelik, terwyl die nuwe verhouding soveel verwagting en belofte vir 'n nuwe lewe ingehou het nie.

Op dié stadium van die gesprek, het ek nie geweet wat hy vir 'n lewe doen nie. Stel jou voor, hoe geskok ek was, toe ek begin vis na persoonlike inligting en vasstel dat hy 'n pastoor van 'n kerk en die ander vrou 'n sleutelfiguur in die gemeente was nie!

Die beeld wat ek in my geestesoog gesien het, was van 'n bom-vliegtuig gedurende die oorlog met sy missie om 'n dorp te nader, sy mortier te laat val en die dorp geheel en al uit te wis. 'n Bom sou op die huwelik, gesin, kerk en dorp ontplof en kon moontlik honderde lewens vernietig! Ek was nog besig om aan die verwoestende beeld te dink, toe ek hom hoor sê wat soveel mans as 'n uitweg gebruik: "Dit voel so reg vir my; dit voel asof ek weer verlief is; God sal verseker nie van my verwag om vas-gevang te wees in só 'n huwelik nie?" Ek vra hom toe om my van sy lewe te vertel: waar hy groot geword het en van sy gesin. Hy vertel my toe van sy kinderdae as 'n jong seun in Skotland en dat hy toe hy agttien was, opgeroep is na die Skotse weermag. Dit was blykbaar 'n ou Skotse tradisie dat jong mans by 'n regi-ment moes aansluit wat hul stam verteenwoordig. Nadat hy die besonderhede van sy opleiding, en die voortreflikheid sinoniem aan sy regiment met my gedeel het, het hy aan my 'n storie vertel wat my lewe verander het.

Strategiese berg

Gedurende die Tweede Wêreldoorlog het sy regiment saam met die geallieerde magte in Europa geveg toe hulle op 'n strategiese berg onder kanonvuur van die Duitsers was. Hul bevelvoerder het opdrag gehad om die berg in besit te neem, en om die houvas van die vyand oor die geallieerde magte te vernietig. Hul kaptein het die soldate bymekaar gekry, die opdrag aan hulle verduidelik dat hulle die volgende oggend teen die berg sou uitstorm, die geweerlaer gevange sou neem en dat hulle hul regiment se vlag op die berg moes plant. Die opdrag was 'n groot uitdaging, maar terselfdertyd een van ongeëwenaarde eer aan die regiment. Hy het hulle beveel om na die man aan hul linker- en regterkant te kyk. "Minstens een of twee van julle mag dalk nie van die geveg af terugkeer nie", het hy gesê. Vir die eer van die regiment en stam, moes hulle gereed wees om hul lewens te verloor sodat hul medesoldaat kon terugkeer.

Die volgende dag het die soldate teen die berg uitgestorm. Die voorste soldate het die geweervuur trotseer sodat die soldate in die volgende ry 'n paar meter vordering kon maak, om net weer die skote te trotseer sodat die volgende ry nader aan die bokant kon kom. Op daardie dag het die mans die berg in besit geneem, die vyand verslaan en hul regiment se vlag opgerig. Ek was oorweldig deur die storie. "Hoekom sal enige persoon vrywillig sy lewe vir die persoon agter hom gee?" het ek gevra. Sy antwoord was lewensveranderend: "Vir die eer van die regiment en die eer van ons stam!" Hulle het nooit eers hul eie lewens in ag geneem nie; hulle het 'n beweegrede gehad wat allesoorheersend was, soveel so dat hulle bereid was om hul lewens daarvoor op te offer.

Dag van Vernedering (1)

'n Paar jaar na die oorlog het senior militêre bevelvoerders egter besluit dat dit as gevolg van kostes en ander logistieke redes nie langer winsgewend was om die regiment aan die gang te hou nie. Op 'n dag het die regiment die laaste keer op die paradegrond bymekaargekom en die vlag laat sak, terwyl die doedelsak gespeel het. Op 'n manier het die vlag, die beweegrede en die eer van die mans en hul stam op daardie dag gesterf. Ek het in sy oë gekyk en besef dat die pyn nog steeds daar was. Hy het ook baie wrokke en bevooroordeeldheid in sy hart gedra as gevolg van die verlies van waardigheid en eergevoel. Dié emosionele gevoelloosheid en onteer is in sy huwelik opgeneem sonder dat hy dit besef het en sy huwelik het, alhoewel hulle meer as dertig jaar getroud was, in 'n toestand van doodsheid verval. En hier was hy nou, besig om weer 'n enorme geveg te veg - om sy vrou en gesin te verlaat en oor te gee aan die versoeking van die nuwe verhouding; of om vas te klou aan wat hy gevoel het 'n lewelose huwelik was. Ons sal later weer na die storie toe terugkom.

Die gedagte het my die volgende paar dae baie laat dink: Mans wat vrywillig hul lewens opgeoffer het vir die eer van hul gesin (stam) en regiment?

Hoe sou die wêreld vandag gewees het, as mans steeds die waarde van eer hoog geag het? Die vlak van integriteit, verantwoordelikheid en eer in mans, kom direk ooreen met die toestand van die wêreld waarin ons vandag lewe. Ons wêreld loop oor van die verlies aan goddelike leierskap wat mans veronderstel is om ten toon te stel. Daar is slegs 'n paar mans wat deesdae vrywilliglik iets opoffer om ander te eer, om nie eers van hul lewens te praat nie.

Skending van vertroue

Ek glo dat ons 'n probleem het die dag as 'n president van 'n land seks het in sy openbare posisie, en nie kan insien hoe dit sy aanstelling en publieke vertroue sal beïnvloed nie. Die nasie het gewoonlik die posisie van die president en politieke leiers hoog geag en vertrou. Vandag ervaar ons egter hoe politici in hul strewe na politiese mag bereid is om te sien hoe die nasie onder geweld, armoede, hongersnood en misbruik ly. Oral oor die wêreld sien ons miljoene mense wat ly en doodgaan as gevolg van die selfsugtige uitbuiting van politieke leiers. Ons word ook blootgestel aan finansiële korrupsie, persoonlike hebsug en bedrog van leiers in die besigheidswêreld, soos hulle die finansiële vertroue wat in hul geplaas is, skend.

Die agteruitgang van gesinne

In baie lande is die egskeidingsyfer hoër as 50% en selfs meer vir tweede en derde huwelike. Statistiek bewys dat die gemiddelde man in die VSA in sy lewe meer as 14 seksuele verhoudings het. Dit wil blyk asof getrouheid in die huwelik nie meer 'n waarde is nie. Slegs 34% van alle kinders wat in die VSA gebore is, sal tot en met agttienjarige ouderdom saam met beide biologiese ouers woon (2). Om die waarheid te sê, van sowat eenhonderd miljoen geregistreerde huise, het slegs 22% die oorspronklike pa, ma en kinders in een huis. Dit beteken dat ongeveer 80% van alle gesinne 'n krisis en agteruitgang van verhoudings beleef het. Vir die eerste keer in die geskiedenis van die beskawing, kan minder as 25% van gesinne beskou word as gesond en veilig. In die Verenigde Koninkryk, kos egskeidings die belastingbetaler meer as £5 biljoen per jaar en gesinsgeweld 'n verdere £2.5 biljoen. Dié God-ingestelde instelling, wat 5 000 jaar lank die grondslag van die samelewing was, is besig om voor ons oë te disintegreer. Dit is 'n krisis wat letterlik die stabiliteit en die toekomstige welstand van ons lewens en van daarop volgende generasies bedreig. Geskiedkundig word alles negatief beïnvloed sodra die gesin begin verval - van die effektiwiteit van die staat tot die algemene voorspoed van die mense (2).

Maar, sou mans hul vrouens en kinders eer, kan ons 'n afname van meer as 50% tot minder as 5% in die egskeidingssyfer beleef. Produktiwiteit in die werksarena kan moontlik verdubbel! Stel jouself voor hoe dit die ekonomie en die standaard van lewe sal beïnvloed. Ons sal armoede bykans kan uitroei, korrupsie, wantroue en stres uit ons lewens kan uitskakel.

Oorweeg die volgende:
- 'n Onlangse Barna-groep studie het getoon dat Amerikaners glo dat die volgende aktiwiteite moreel aanvaarbaar was: dobbelary (61%), saamwoon (60%), buite-egtelike seks (42%), pornografie (38%).
- Die toenemende styging in misdaad in gemeenskappe. Wat nog erger is, is dat daar 'n hoër omvang van mishandeling in ons huise voorkom as op straat! Die "huis" is nie meer 'n "veilige plek" nie.

- Die styging in seksueel oordraaglike siektes.
- Die agteruitgang van dissipline en morele waardes in ons skole.
- In 1998 was 94% van alle gevangenes in die VSA mans, 98% van die mense op die dodelys was mans. Tronke is oorbevolk, hoofsaaklik deur mans wat deur hul pa's verlaat of verwerp is. Van al die mans in die gevangenisse het die meeste van hulle nie 'n verhouding met hul pa's gehad nie (2).
- Uitslae van 'n onlangse studie deur die Suid-Afrikaanse Departement van Binnelandse Sake het getoon dat 67% van dertien- tot sewentienjarige kinders erken het dat hulle pornografiese films kyk, en 45% gereeld.

Tsunami

Ons was onlangs geskok om die uitwerking van 'n Tsunami te beleef en te sien hoe dit 'n nasie kan verwoes. Terwyl ek na die getraumatiseerde mense op TV gekyk het, het ek oor en oor die volgende woorde gehoor, "Waarom is ons nie gewaarsku nie?" Die agteruitgang van ons gesinne en die invloed op ons lewens en die lewens van ons kinders en die toekomstige beskawing is katastrofies. Die Barna studie het getoon dat die aanvaarding van immorele gedrag met 50% toegeneem het van vorige tot huidige generasies. Die golf styg. Wees gewaarsku. Ons moet nou iets doen!

Die wêreld het 'n self-gesentreerde plek geword, waar mense daarop uit is om te kry wat hulle wil hê. Sou ander op hul pad seergemaak word, maak dit nie saak nie. Om ons lewens te lei op 'n manier wat ander eer en by te dra tot die opbou van ander se lewens om ons, is baie raar vandag. Hoe moet ons dan lewe? Wat is die fundamentele aspekte wat ons moet aangryp om betekenisvolle verandering in die wêreld teweeg te bring? Wat is 'n Man van Eer en hoe tree hy in vandag se wêreld op? Kom ons loop 'n pad saam om 'n lewenswyse wat ons wêreld kan verander te ontdek.

1. Die woord "shame" word in die boek met vernedering of skande in Afrikaans vertaal. Ander woorde soos beskaming, oneer, minagting kan ook gebruik word.
2. Bringing Up Boys, Dr. James Dobson (Tyndale House Publishers, Inc.)

 # Dit is tyd om die vlag te hys

Persoonlike oordenking

Ons het gelees hoe mans vrywillig hul lewens opgeoffer het om hul gesin (stam) en regiment te eer.

1. Was jy al ooit in 'n situasie waarin jy ernstig moes oorweeg om jou eie lewe vir ander op te offer?

2. Het jy al ooit oorweeg vir wie jy bereid sou wees om jou lewe op te offer?

3. Wat offer mense vir jou op wat 'n verskil in jou lewe maak?

4. Wat kan jy doen vir die mense naaste aan jou wat 'n groot invloed op hul lewens sal hê?

Groepbespreking

1. Bespreek 'n paar voorbeelde van hoe waardes verval omdat mans in leierskap nie opstaan vir geregtigheid, die waarheid, eer en goddelike waardes nie.

2. Hoe beïnvloed die volgende die samelewing waarin jy lewe?
- Ontrouheid in huwelike
- Gebroke gesinne
- Seksueel oordraagbare siektes deur immorele seksuele gedrag
- Politieke korrupsie
- Finansiële korrupsie
- Morele verval van leiers

3. Deel met mekaar in groepsverband hoe jou eie lewe deur
   bogenoemde beïnvloed word. Bid vir mekaar.

Onthou asseblief dat hierdie nie 'n geleentheid is om ander te
kritiseer of te veroordeel nie, maar eerder om die invloed wat
hierdie aspekte op ons gesinne en gemeenskappe het, te be-
spreek.

Geposisioneer in Eer

Sukses is nie noodwendig 'n maatstaf vir eer nie.

Die algemene mite oor geld is dat finansiële welvaart ons meer gelukkig, seker en belangrik sal maak. Nie alleen kan rykdom in 'n kort tydperk verloor word nie, maar met die volgehoue nastreef na finansiële vooruitgang, gaan spanning en trauma gepaard. Daar is gereeld nuusberigte oor mense wat finansieel suksesvol is maar ongelukkig, beangs of verslaaf aan drank en dwelms is as gevolg van 'n groot tekort aan liefde. Hulle was gedurig besig om na groter en beter dinge te strewe en alhoewel hulle baie welvaart versamel kon hulle nie tevredenheid vind nie en was hulle gesinne gereeld verdeel.

Eer word in 'n man gevind wat daarna soek om betekenis in sy lewe te verkry deur sy wêreld te verander in 'n beter plek om in te leef. Een wat eerste daarna soek om die Koninkryk van God te vestig, 'n plek waar geregtigheid, integriteit, liefde, vreugde en vrede seëvier, wat mense in staat stel om voorspoed en sekuriteit in hul lewens te ervaar. Wanneer ons geheel en al gefokus is op sukses, deur ons doelstellings om soveel moontlik geld, mag, erkenning en status te verwerf, neem ons meer uit die sisteem as wat ons bereid is om terug te gee. Gierigheid en stres het tot gevolg dat eer nie in ons transaksies en verhoudinge oorheersend is nie. Wanneer eer afwesig is, ly ons almal onder dit wat oorbly: wantroue, gierigheid, jaloesie, korrupsie en vernedering.

Gekroon met eer en heerlikheid

Die Bybel vertel in Genesis 1 dat die mens geskape is na "die beeld van God" en heerskappy oor die hele skepping gegee is. Adam het in die seën van intimiteit met God as sy Vader gewandel. Daarom was die mens op die manier gesetel in eer; hy is die hoogste waarde, waardigheid en betekenis in die oë van God gegee. God het Adam en Eva geëer deurdat Hy Sy krag en gesag aan hulle oor alles wat Hy geskape het, toevertrou het.

Psalm 8:5-6 "Wat is die mens dan dat U aan hom dink, die mensekind dat U na hom omsien? U het hom net 'n bietjie minder as 'n hemelse wese gemaak en hom met aansien en eer gekroon."

Ons is deur God gekies, gekroon met heerlikheid en eer, en heerskappy oor God se hele skepping gegee. *Hierdie verhewenheid in die orde van die skepping hou nie net vir die mens nie, maar ook vir elkeen van ons groot intrinsieke waarde in.*

Om in eer te leef

'n Persoon wat hierdie 'posisie' van eer verstaan, sal dan daarna streef om ander om hom te eer deur respek en waardering te toon, en konstant agting, lof, betekenis en waarde aan hulle te kommunikeer. Om eer te betoon, het ons nodig om met mense te praat, in die besonder met diegene wat die naaste aan ons is, op 'n sagte en bevestigende manier en moet ons mense met sorgsaamheid, deernis en respek behandel. "Eer is net so 'n werklikheid vir die menslike wese soos liefde, en beïnvloed die vormende bande wat 'n mens se persoonlike waardigheid en karakter tot stand bring."(1) Om die waarheid te sê, sonder eer kan daar geen ware liefde wees nie, want hoe kan ons liefde kommunikeer as dit nie gebaseer is op opregte respek, waardering, aanvaarding en die toekenning van waardigheid en waarde nie?

Eer skep die 'Atmosfeer' van die hemel

In sy visie van die hemel in die Boek van Openbaring, sien en hoor Johannes hoe elke lewende wese Jesus singend aanbid: "U is waardig, o God, om heerlikheid en eer te ontvang." Dit is deurlopend en hou nooit op nie en skep *'n atmosfeer van eer.*

Openbaring 4:9-11 "Elke keer wanneer die lewende wesens heerlikheid, **eer en dank** toebring aan Hom wat op die troon sit, wat tot in alle ewigheid lewe, kniel die vier en twintig ouderlinge voor Hom wat op die troon sit, en aanbid Hom wat tot in alle ewigheid lewe. Hulle sit dan hulle krone voor die troon neer en sê: **"Here, ons God, U is waardig om die heerlikheid en die eer** en die mag te ontvang omdat U alles geskep het; deur u wil het alles ontstaan en is dit geskep."

Openbaring 5:11-13 "Toe het ek rondom die troon en die lewende wesens en die ouderlinge 'n groot menigte engele gesien. Daar was duisende der duisende, ja, miljoene der miljoene. Ek het hulle hard hoor uitroep: 'Die Lam wat geslag was, is waardig om die mag en rykdom, die wysheid en sterkte, die **eer, heerlikheid en lof te ontvang.'** Die hele skepping, alles in die hemel en op die aarde en onder die aarde en op die see, ja, alles wat daar is, het ek hoor sê: '**Aan Hom wat op die troon sit**, en aan die Lam, behoort die lof en die eer, die heerlikheid en die krag, tot in alle ewigheid.'"

Johannes beskryf hoe die ouderlinge hul krone voor Hom neergewerp het. Krone verwys na ons titels, prestasies, posisies en gesag. Hulle hou nie vas aan hierdie dinge nie, maar lê hulle gewillig voor die voete van Jesus neer. Wanneer ons aan God hulde bring en Hom aanbid, gee ons heerlikheid en eer. Wanneer ons eer, prys, seën, stig en bou ons Sy troon in ons lewens.

'n Deel van die 'Onse Vader' wat Jesus ons geleer het, is "Laat U wil ook op die aarde geskied, net soos in die hemel." Daarom glo ek opreg dat dit in God se hart is dat ons hierdie atmosfeer van eer in ons huise moet skep; inteendeel, in elke plek waar ons daagliks betrokke is. Kom ons haal ons 'krone' af, of enigiets wat trots of afsydigheid in ons lewens kan veroorsaak wanneer ons met ander omgaan. Ons skep 'n atmosfeer van eer wanneer ons dankbaarheid, waardering en lof betuig aan dié met wie ons in 'n opregte en nederige wyse omgaan.

Eer sodat dit met jou goed kan gaan

Eksodus 20:12 "Eer jou vader en jou moeder, dan sal jy lank bly woon in die land wat die Here jou God vir jou gee." Een van die Tien Gebooie beveel ons om ons vaders en moeders te eer sodat dit met ons goed mag gaan. Dit sluit natuurlike en geestelike vaders, asook ander gesagsfigure in ons lewens in. Om ons ouers te eer skep 'n atmosfeer van harmonie en eenheid wat God self seën.

Eer herken en erken sy Godgegewe mandaat en waarde in ons lewens. "Eer" kyk verby mislukkings van die verlede of tekortkominge en maak gebruik van die seën van God wat vrygestel word wanneer ons God se gebod nakom deur ons ouers te eer. Die beginsel vervang die natuurlike en open die deur vir goddelike bemiddeling.

Die keuse om te seën of te vervloek

Ek het onlangs 'n televisieonderhoud gesien met 'n afrigter wie se sportspan pas hul wedstryd gewen het. Die afrigter was verheug oor die oorwinning, maar het ook erken dat daar swakhede was wat reggestel moes word. Sy sluitingswoorde was dat hy hulle nie sou vertel hoe goed hulle gedoen het nie, maar dat hy deur die komende week, voor hul volgende wedstryd, op hul swakhede sou fokus. Hierdie is 'n goeie voorbeeld van die vrees wat ons het om mense te komplimenteer of te eer. Dalk dink ons dat hulle te trots of arrogant sal raak. Die afrigter kon dalk dink dat sy span sou ontspan en nie hard genoeg aan hul foute sou werk nie. Dit is so 'n valse opvatting en ongelukkig ontneem dit ons en ander van 'n bemagtigende seën.

Ons het eenkeer aan 'n vrou wie se lewe 'n gemors was, berading gegee. Soos wat ons in haar verlede gedelf het om vas te stel waar haar probleme begin het, het dit duidelik geword dat een van die sleutelbeginfaktore 'n gevoel van verwerping deur haar ouers was. As 'n ongewensde derde kind, was sy reeds in die baarmoeder verwerp. Haar huislike lewe was baie onstabiel met 'n alkoholisvader wat haar moeder mishandel het. Daar was geen liefde in hul huis nie, slegs woede en geweld, met swaar stiltes tussenin. Sy het nooit gevoel sy word aanvaar nie en haar ouers was nooit emosioneel by haar betrokke nie. Sy het rebels geraak en het in haar vroeë tienerjare dwelms begin gebruik en was herhaaldelik van die skool afwesig. Sy was al op veertien seksueel aktief, desperaat om liefde te vind. Sy het aanvanklik uitgeblink op skool en in sport, met die hoop om aanvaarding te wen. Sy sou huis toe kom met 'n rapport met drie A's, twee B's en 'n C, maar haar ouers sou altyd op die "C" fokus wat nie goed genoeg was nie. Sy moes harder probeer as sy sukses in die lewe wou behaal. Sy het nooit die woorde "Mooi my kind, ons is so trots op jou", gehoor nie. Daar was geen eer of aanvaarding nie. Sy het gevoel sy kon nooit "goed genoeg" wees of aan hul verwagtinge voldoen nie. Sy het oral oor begin aanvaarding soek, wat wel korttermyn plesier en verligting van die pyn wat sy gevoel het gebring het, maar haar na 'n lewe van prostitusie en verwoesting gelei het.

Om 'n seën te weerhou van diegene vir wie ons geroep is om lief te hê, kan inderdaad daartoe lei dat hulle onder 'n vloek kom. Wanneer ons emosioneel onbetrokke is en nie aanvaarding, aanmoediging en waarde aan die vir wie ons moet liefhê kommunikeer nie, voel hulle verwerp, onaanvaarbaar en van eer beroof, en dit is 'n vloek.

Hierdie vrou se storie het 'n wonderlike einde deurdat sy ingeneem is in 'n Christen-organisasie en uiteindelik 'n ware 'Man van Eer' ontmoet het. Hy het die hart van Jesus aan haar weerspieël, haar onvoorwaardelik liefgehad, haar waarde en waardigheid herstel, en vandag is hulle getroud met twee pragtige dogters.

Werklike opregte aanmoediging en eer moet ons genotvolle en verantwoordelike houding teenoor ander wees. Die verlening van aanvaarding en waarde kan letterlik die lewens van mense rondom ons verander.

Eer kan die atmosfeer in jou huwelik, huis, kantoor, kerk, sportspan en selfs die nasie, verander. Moenie toelaat dat jou titels, aansien of trots jou daarvan weerhou om 'n nederige houding aan te neem waar jy lofprysing en eer aan mense om jou kan gee nie; mense wie jy kan kies om op te bou en aan te moedig.

Heerlikheid en eer verruil vir vernedering

In Genesis 1 lees ons dat die mens as gevolg van hebsug aan God ongehoorsaam was en teen Hom gerebelleer het en daarom in sonde verval het. Dit het tot gevolg gehad dat Adam en Eva hul aansien en eer verloor het en 'n 'gees van vernedering' ontvang het. In Genesis 3 lees ons hoe hulle vir God weggekruip het omdat hulle kaal en skaam was. Die vernedering het veroorsaak dat hulle weerloos, blootgestel en skuldig gevoel het, wat aan ander bose deugde die geleentheid gegee het om beheer te neem. Hulle was bang en het begin om mekaar voor God te blameer om sodoende te probeer om van hul eie skuld te ontvlug. Die resultaat was verwerping, verdeling, woede en uiteindelik die dood – geestelik, emosioneel, verhoudingsgewys en fisies.

Volg die orde in die tabel op die volgende bladsy.

DIE MENS SE VAL

Die mens is na die beeld van God geskape en met heerlikheid en eer beklee.

Die mens was ongehoorsaam aan God, gedryf deur selfsugtigheid en gierigheid, en het 'n gees van vernedering ontvang.

Vernedering het geleentheid gegee aan 'n 'kettingreaksie' van ander bose deugde, eerstens… Hulle het begin om mekaar te veroordeel…

Dit het verwerping veroorsaak…

Die resultaat van veroordeling en verwerping is…

Dit lei tot…

Die mens se reaksie: woede, geweld, bitterheid, haatdraendheid, depressie.

Dit het dood in die volgende areas tot gevolg gehad:

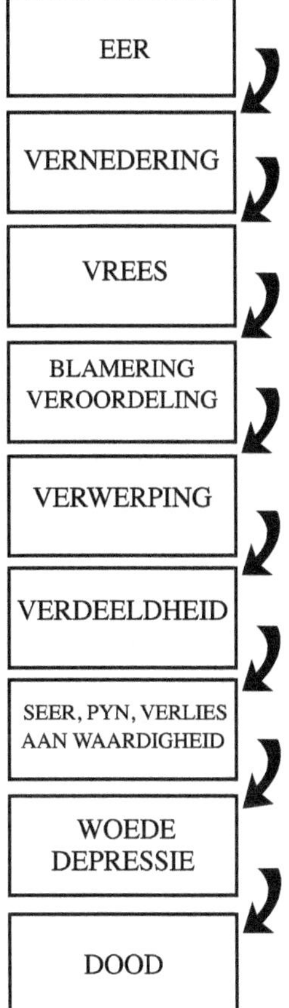

GEESTELIK	-Verwydering van God
EMOSIONEEL	-Gevoelens van waardeloosheid en verwerping
VERHOUDINGS	-Veroordeling veroorsaak verdeeldheid
FISIES	-Woede, haat, moord, dood

Toe Adam en Eva hul 'posisie van eer' verloor het en nie meer in heerlikheid en eer 'geklee' was nie, was hulle met vernedering beklee. Hulle het naak en skaam gevoel as gevolg van hul verwydering met God.

Vernedering beteken om gevoelens van verwerping en waardeloosheid te ervaar; 'n diep gevoel van onwaardigheid en 'n gebrokenheid van identiteit, dit wil sê negatiewe gevoelens rakende wie jy is en jou doel in die lewe. Die wortel van vrees, verwerping, verdeling, woede en baie ander areas van pyn en verwoesting in ons lewens is 'vernedering'.

In die lewe word vernedering dan maklik opgebou deur negatiewe gevoelens oor jou gesin, huis, kultuur, velkleur, finansiële status en fisiese eienskappe. Dikwels is ons nie bewus van diepgewortelde vernedering in ons lewens nie, maar dit kan na die oppervlak kom deur geïrriteerdheid, woede, verwerping, angs, vrees, depressie, verwarring, aanhoudende kritiek, neerhalende selfverwysing en 'n oorwegende afwesigheid van liefde en toegeneentheid. Vernedering kan veroorsaak dat ons na korttermyn plesier soos alkohol, kos, pornografie en ander verslawings soek om ons pyn te verlig.

Eer en vernedering is radikaal opponerende kragte en sal 'n groot invloed hê op hoe ons leef en veral die manier waarop ons mense hanteer. Eer lei tot eenheid, harmonie, vrede, liefde, vreugde en seën vir almal, terwyl vernedering in ons lewens en verhoudings twis, frustrasie, woede, seer, pyn, eensaamheid en verdeling tot gevolg het.

Her-evalueer jou posisie
Onthou, as iemand 'n posisie van eer aan jou gegee het as gevolg van jou prestasies en sukses, kan dit dit ook weer weggeneem word. Roem en rykdom kan kom en gaan. Aan die ander kant, as ons tot 'n openbaring kom rakende ons 'posisie van eer' in

God, deur Jesus Christus, word ons lewens vir altyd verander. Ons kan dan op so 'n wyse begin leef waarin ons elke dag 'n 'atmosfeer' van eer in ons huise, kantoor en daaglikse verhoudinge skep. Ons keuse om te seën of te vervloek, te eer of te verneder, is nie afhanklik van hoe ander ons hanteer nie, maar in ons posisie van eer en deur God se bemagtigende genade waarmee dit ons toerus gesetel.

1. Wikipedia

 # Dit is tyd om die vlag te hys

Persoonlike oordenking

1. Stel 'n lys saam van woorde wat Eer definieer:

2. Stel 'n lys saam van woorde wat vernedering of skande definieer:

3. Het jy al ooit 'n dag of selfs 'n seisoen van vernedering beleef?

4. Oorweeg of sommige van die volgende stellings op jou van toepassing is:
- Verwerping deur vriende op skool of die voortdurende vernedering deur 'n onderwyser.
- 'n Gebrek aan liefde of selfs mishandeling deur 'n ouer of ander gesinslid
- Fisiese eienskappe wat jou onseker laat voel het
- Egskeiding in jou gesin en die verlies van 'n ouer
- Opvoeding in baie arm omstandighede
- Mislukking in iets wat vir jou baie belangrik was
- Afbrekende woorde wat jou identiteit gekrenk het

5. Is jy gesetel in Eer in God, deur Jesus Christus deurdat jy
   Hom as jou Heer en Redder aangeneem het?

6. Het jy berou omdat jy ander, veral jou gesin, verneder het?

7. Hoe kan jy begin om 'n atmosfeer van eer in jou gesin
   te skep?

Gebed

Vader, vergewe my asseblief omdat ek teen U gerebelleer het.
Ek wil my lewe aan Jesus Christus onderwerp en wil herstel
word in intimiteit en lewe in U. Vergewe my dat ek ander ver-
neder en seergemaak het. Help my asseblief om 'n 'atmosfeer'
van eer te skep, waar ookal ek gaan, sodat ek U kan eer. AMEN

Groepbespreking

1. Bespreek die verskil tussen:
- **Sukses:** doelstellings van posisie, mag, finansiële sukses,
  motors, ens.
- **Betekenis:** die fokus is daarop om die wêreld te
  verander om 'n beter plek te wees, om die 'Koninkryk van
  God' te vestig deur jou talente tot verheerliking van God
  te gebruik.

2. Hoe word eer dikwels verruil vir vernedering in ons omgang
   in die lewe?

3. Bespreek hoe jy 'n atmosfeer van eer sal skep in jou huis,
   kantoor, ens.

4. Bid vir mekaar veral ten opsigte van spesifieke situasies waar
   vernedering voorgekom het in elkeen se lewe.

Jesus... Man van Eer

Na die sondeval en die verbanning uit die tuin van Eden, was dit die sondige natuur van die mense wat geleentheid aan die duiwel gegee het en verval in die wêreld veroorsaak het. Oorloë, konflik, armoede, hebsug, egskeiding, afsondering, wantroue en verraad het 'n lewenswyse geword. Die mens was beklee met vernedering, omdat hy die heerlikheid en eer wat hy in die teenwoordigheid van God gehad het, verloor het. Maar God het Sy Seun Jesus Christus gestuur om die mens weer met Hom te versoen, deurdat Jesus met sy lewe aan die kruis betaal het en boete vir ons sonde gedoen het. 'n Nuwe verbond is ingestel deur die storting van Jesus se bloed, waardeur die mens vir eens en altyd verenig kan word met die liefdevolle Vader en in Sy teenwoordigheid wandel. Hy kan nou weer gesetel wees in die "Seën" wat God aan die mens toegeken het sedert die begin van die skepping (*Genesis 1:28*), "Toe het God hulle geseën en vir hulle gesê: "Wees vrugbaar, word baie, bewoon die aarde en bewerk dit. Heers oor die vis in die see, oor die voëls in die lug, oor al die diere van die aarde, ook oor die diere wat op die aarde kruip."

Dit is aan Abraham herbevestig in *Genesis 12:2-3* "Ek sal jou 'n groot nasie maak, Ek sal jou seën en jou 'n man van groot betekenis maak, en jy moet tot 'n seën wees. Ek sal seën wie jou seën, en hom vervloek wat jou vervloek. In jou sal al die volke van die aarde geseën wees." *Genesis 22:17-18* "Ek lê 'n eed af by Myself dat ek jou baie sal seën oor wat jy gedoen het: jy het nie geweier om jou seun, jou enigste seun, aan my te offer nie. Ek sal jou vrugbaar maak en jou nageslag so baie maak soos die sterre aan die hemel en soos die sand van die see. Jou nageslag sal die stede van sy vyande in besit neem. In jou nageslag sal al die nasies van die aarde geseën wees, want jy het my gehoorsaam."

'n Seënverbond is met Abraham ingestel wat ook ons erfdeel deur Jesus Christus is. *Galasiërs 3:29* "En as julle aan Christus behoort, is julle ook nakomelinge van Abraham en erfgename kragtens die belofte van God."

Die krag van sonde en die vloek is verbreek, maar iets wat baie mense miskyk, is dat die krag van die "kleed van skaamte " verwyder is sodat ons deur genade en geloof weer in die "Eer" van die Vader herstel is.

Johannes 17:22-23 "Die heerlikheid wat U My gegee het, het Ek ook aan hulle gegee, sodat hulle een kan wees net soos Ons een is: Ek in hulle en U in My, sodat hulle volkome een kan wees, sodat die wêreld kan weet dat U My gestuur het en hulle liefhet net soos U My liefhet."

Jesus het aan ons Sy eer en heerlikheid aan die Kruis gegee:
- Ons ontvang dit soos wat ons ons lewens aan hom oorgee.
- Ons word dan as seuns van God in waarde, aanvaarding en waardigheid gesetel.
- Ons lewe en groei daarin soos wat ons dit deel met ander, deurdat ons deur ons houdings, woorde en optrede eer en respek toon.
- Ons lees in die bogenoemde skrifgedeeltes dat Jesus sê dat Hy aan ons die eer en heerlikheid gegee het, sodat ons EEN kan word met Hom en met mekaar. Sonder eer, kan ons nie EEN word nie.

Ons is beklee met eer en heerlikheid en is daarom daartoe in staat om in die lig in openlikheid en kwesbaarheid te lewe, in plaas daarvan om "weg te kruip". Die resultaat daarvan is dat ons in eenheid met mekaar lewe en God se seën ervaar. Soos "Waar broers so saam woon, skenk die Here sy seën…" *Psalm 133: 3 (parafrase)*.

Ons kan die seënverbond van Abraham deur Jesus Christus verkry en die seëninge van God verwag om "oor jou (te) kom en jou lewe (te) verryk." *Deut 28:1&2 (parafrase)*.

Die duiwel bring skande oor ons:
Ons bring skande oor onsself deur ons keuse om te sondig en teen God te rebelleer. Buite seunskap met die Vader, leef ons in skande, met 'n diepe bewussyn van onwaardigheid, die afwesigheid van waarde en verwerping.

Ons verneder geliefdes deur kritiek, verwerping, emosionele en fisiese mishandeling en 'n afwesigheid van erkenning en seën. Dit veroorsaak 'n leegheid en leemte in hulle, wat lei tot pyn, onttrekking en geestelike verdeeldheid.

Matteus 12:25 "Elke koninkryk wat onderling verdeeld is, gaan te gronde, en geen stad wat onderling verdeeld is, sal bly staan nie…" Vernedering veroorsaak dat ons "tot niet gaan", 'n afwesigheid van seën ervaar, beroof en onvrugbaar voel in die area van ons finansies, verhoudings en emosies. Dit is hoekom soveel mense troos in drank, dwelms, kos en seks probeer vind.

Jesus het gekom om die vernedering wat ons deur sonde geërf het, insluitend verwerping, afwesigheid van waarde, vervloekte identiteit, vrees, woede en al die ander vrugte van vernedering, van ons weg te neem. "… het Hy die kruis verduur sonder om vir die skande daarvan terug te deins, en Hy sit nou aan die regterkant van die troon." *Hebreërs 12:2*. Dit is God se belofte aan die wat in eer tot Hom herstel is. "In plaas van vernedering sal julle twee keer soveel besittings hê as tevore, in plaas van minagting sal julle lof ontvang oor wat julle besit." *Jesaja 61:7 (parafrase)*.

Die Regterhand van God

Die Bybel plaas bepaalde klem op die "Regterhand van God". *Handelinge 2:33-35* "God het hierdie Jesus uit die dood laat opstaan; daarvan is ons almal getuies. Hy is verhoog aan die **regterhand van God** en Hy het die Heilige Gees wat belowe is, van die Vader ontvang en uitgestort. Dit is wat julle nou sien en hoor. Dawid het nie na die hemel toe opgevaar nie, en tog sê hy: Die Here het vir my Here gesê: Sit aan my regterhand totdat ek jou vyande aan jou onderwerp het." Jesus sit aan *die regterhand van God* in 'n posisie van "Eer", 'n plek van "seën en oorwinning".

In *Efesiers 2:6* lees ons dat ons opgerig is en saam met Jesus 'n plek in die Hemel het sodat God aan ons Sy onmeetbare rykdom van Sy Genade en goedheid kan bewys.

Daarom soos wat Jesus aan die regterhand van God sit, in 'n **plek van Eer**, het ons ook in Christus 'n plek van eer aan die regterhand van God.

Die geveg in die hemelryk en die oorlog wat ons op aarde voer, gaan daaroor of ons op 'n daaglikse basis beklee is in Eer of Vernedering. Jesus het ons oorwinning bepaal deurdat Hy oor sonde en vernedering geseëvier het, en aan ons 'n pad oopgemaak het om saam met Hom aan die regterhand van God te sit.

Tog moet ons daagliks ons gedagtes, woorde en dade en hoe ons lewe, kies. Dit is nie slegs belangrik om hemel toe te gaan wanneer ons doodgaan nie, maar dit is of ons in die gees eer of vernedering sal lewe vandag, en of ons daardie atmosfeer van eer vir onsself en dié rondom ons sal skep. Om die waarheid te sê dis om vandag te kies om te lewe in die hemel of die hel.

Om terug te keer na ons storie van die Skotse regiment...
Ek het besef dat die probleem nie die man se huwelik was nie, maar dat hy steeds in vernedering geleef het, wrokke gekoester het en bevooroordeeld was oor die gebeure toe die regiment afgelas is. Ek het die gevoel gehad dat God hom weer oproep om by Sy weermag aan te sluit sodat sy eer herstel kon word en hy weer 'n rede sou hê om voor te lewe en te sterwe. Op 'n manier het die geveg ooreengestem met die gewapende laer wat sy regiment moes inneem. Hulle moes bereid wees om hul lewens op te offer om die eer van hul stam en gesin op te hou. Die eer van sy gesin was weereens in gedrang, en 'n keuse moes gemaak word. Ek het die oortuiging van die Heilige Gees oor hom sien kom en 'n nuwe krag en sterkte het in hom opgekom. Ons het altwee op aandag gestaan toe hy met sy hand op sy bors in gebed weer by God se weermag aangesluit het en sy onderdanigheid uitgespreek het. Ons het albei gehuil en besef dat die vyand oorwin is. Hy kon huis toe gaan om daardie berg te gaan oorwin om die "Vlag van Eer" in oorwinning en opbou van sy huwelik en gesin te hys.

Jesus het 'n "Vlag van Eer" gehys
Jesus as "die Man van Eer" het 'n vlag van eer op 'n bergtop gehys. Sy vlag was die Kruis. Hy het sy lewe gegee sodat 'n simbool van oorwinning, hoop en eer ewig sigbaar kon wees. Die krag van sonde en vernedering is op daardie berg gebreek en ons is vrygestel om in eer - soos belowe - te leef, 'n verbond van liefde, vrede, vreugde en seën, vir altyd.

John 12:24-25 "Dit verseker Ek julle: As 'n koringkorrel nie in die grond val en sterwe nie, bly hy net een; maar as hy sterwe, bring hy 'n groot oes in. Wie sy lewe bo My liefhet, verloor dit; en wie sy lewe in hierdie wêreld nie bo My liefhet nie, sal dit vir die ewige lewe behou."

Die lewe gaan nie oor ons sukses, prestasies, aansien en mag nie. Dit gaan daaroor om te lewe deur eer te bewys as ons ons lewens vir mekaar opoffer. Dit is om soos daardie koringkorrel te word wat sterf sodat dit baie vrugte vir die Koninkryk van God kan dra. *Om te lewe en eer te betoon sal seën in jou huwelik, gesin, kerk, besigheid en self ook jou land vrystel.*

 # Dit is tyd om die vlag te hys

Persoonlike oordenking
Lees *Johannes 17:22-23*

1. Dink aan die geskenk van Eer wat Jesus vir jou deur Sy dood aan die Kruis bewerkstellig het.

2. Hoe het jou waarde en waardigheid verander as antwoord op die opoffering en geskenk van Eer?

3. Daar staan geskrywe in *Johannes 15:13* "Niemand het groter liefde as dit nie: dat hy sy lewe vir sy vriende aflê." Wat was Jesus se beweegrede om sy lewe vir ons neer te lê om ons in eer te herstel?

4. Jesus het gesterf om die "kleed van skande" te verwyder. Het jy dit werklik aan hom oorgegee?

Gebed

Vader, ek dank U vir die eer en heerlikheid wat ek deur U Seun Jesus Christus ontvang het. Ek gee die kleed van skande wat in my lewe was, aan u oor. Vergewe my dat ek toegelaat het, dat 'n gees van verdeeldheid my huis en verhoudings afgebreek het. Ek kies om eer te gee aan almal om my en hulle te seën in my lewe. AMEN

Groepbespreking

1. *Johannes 17:23* Wat was die uitwerking van Eer?

2. *Psalm 33: 3* Wat is die uitwerking daarvan om in eenheid te leef?

3. *Matteus 12:25* Bespreek die nagevolge van vernedering.

4. Watter invloed het dit op jou lewe, gesin, besigheid en kerk gehad?

5. Bid vir herstel en genesing vir mekaar.

6. *Johannes 12:24* Bespreek die ooreenkoms tussen die koring-korrel wat in die grond val en sterwe, met die Kruis wat Jesus op Sy berg geplant het, en om jou "berg" aan te pak.

7. Bespreek die waarde daarvan om te sit aan die Regterhand van God en die invloed wat dit op jou eie lewe het.

Word 'n Man van Eer

Konings 2:1-3 "Toe Dawid se einde nader, het hy sy seun Salomo beveel: "Noudat ek die pad van alle mense moet gaan, **moet jy sterk wees en soos 'n man optree**. Hou jou aan wat die Here jou God jou voorskryf en lewe daarvolgens. Gehoorsaam sy voorskrifte, sy gebooie, sy bepalings en sy verordenings soos dit opgeskryf is in die wet van Moses. Dan sal jy voorspoedig wees in alles wat jy doen en oral waar jy gaan."

Dawid het geweet dat hy binnekort sou sterf en daarom sy seun Salomo geroep en hom die ontsagwekkende bevel gegee, **"wees sterk en tree soos 'n man op"** (parafrase). Dit is 'n ongelooflike uitdaging vir almal van ons. Dawid het ook verder die volgende dringende raad gegee:

- **Wees gehoorsaam aan wat die Here jou voorskryf:** Lê selfsugtige begeertes en luste van die "vlees" af en gee jou hart aan God oor.

- **Gehoorsaam sy voorskrifte, sy gebooie, sy bepalings en sy verordenings soos dit opgeskryf is in die wet van Moses:** Moenie probeer om jou eie ding te doen nie, laat die Woord van God jou riglyn wees. Dit sal jou help en lei om die regte keuses te maak, wees regverdig, bestuur jou huishouding en voer jou verantwoordelikhede eerbaar uit.

Die resultaat is: "Dan sal jy voorspoedig wees in alles wat jy doen en oral waar jy gaan."

Die bevel van Dawid het sy seun en elke man uitgedaag om:

1. Die morele grondbeginsel in stand te hou

Ons lewe in 'n wêreld waarin alles aanvaarbaar is! "As dit goed voel, doen dit!" is die nuwe waarde waarvolgens mense lewe. Om die waarheid te sê, dit is jou grondwetlike reg om te doen waarvoor jy ook al lus is. Dit blyk dat daar meer wette bestaan om skelms en boewe te beskerm as die onskuldige party wat reg en beskerming soek. Ons gewetens het verhard.

Gebed om jou gewete te hernu
Die volgende gebed is 'n uittreksel uit 'n gebed van Pastoor Joe Wright by die opening van die nuwe sessie van die Senaat in Kansas:

"Hemelse Vader, ons staan voor U vandag en vra om
vergifnis sowel as U leiding en rigting. Ons weet dat U
woord sê: "Wee die een wat die bose goed praat," maar
dit is presies wat ons gedoen het.
Ons het ons balans verloor en ons waardes herroep.
Ons het die armes uitgebuit en noem dit lotery.
Ons het luiheid beloon en noem dit sorg.
Ons het ons ongebore kinders vermoor en noem dit keuse.
Ons het aborteure geskiet en noem dit verdedigbaar.
Ons het nagelaat om ons kinders te dissiplineer en noem dit
die opbou van selfwaarde.
Ons het mag misbruik en noem dit politiek.
Ons het ons naaste se besittings begeer en noem dit ambisie.
Ons het die lug besoedel met vloekwoorde en pornografie en
noem dit verligting.
Deurgrond ons en maak ons vry, O God, deurgrond ons harte
vandag; reinig ons van elke sonde en maak ons vry. Amen!"(1)

Oor tyd het ons morele waardes in so 'n mate verval dat ons nie eens meer seker is wat reg en verkeerd is nie. Bybelse waarhede en morele waardes was altyd teenwoordig om ons teen wetteloosheid en verwoesting te beskerm, maar dit is meestal net opgegee. Gebed is verbied in die skole en nou wonder ons hoekom ons sukkel met toenemende geweld, losbandigheid en opstand.

Dit was as gevolg van die ineenstorting van morele waardes, seksuele verdorwenheid en die vernietiging van gesinswaardes dat die Romeinse Ryk uiteindelik vernietig is - die eens magtigste beskawing en weermag op aarde.

Wat gaan van ons word as ons sou voortgaan met die onverskillige welbehae?

Genoeg is genoeg
Daar kom 'n tyd wat mens 'n streep in die sand moet trek en sê: "Tot hier toe en nie verder nie."

Dit was baie dapper van Pastoor Wright om die gebed voor die senaat te bid, maar dit is nou die tyd vir dapper en eerbare mans om teen kompromie en boosheid op te staan.

Toe die Skotse regiment die berg oorwin en hul vlag gedurende die Tweede Wêreld Oorlog gehys het, het hulle weer die morele grondbeginsels ingestel. Die wreedheid van verdrukking deur Hitler is verdring en die "vlag van reg en geregtigheid" is gehys. Toe my vriend huis toe gegaan het en *"nee"* gesê het vir die moontlike buite-egtelike verhouding, en die vlag van eer op sy berg gehys het, het hy die morele grondbeginsel gevestig.

Toe Jesus versoek is in die woestyn soos beskryf in Matteus 4, het Hy "nee" gesê vir selfbehoud, kompromie en selfverheffende krag waarmee die duiwel hom versoek het.

Toe Petrus, in sy onskuld, probeer het om Jesus te oortuig om nie na Jerusalem toe te gaan nie, omdat Hy daar vermoor sou word, het Jesus gesê: "Moenie in my pad staan nie, Satan!" *(Matteus 16:23)*. Jesus kon nie beweeg word om van Sy sending af te sien om reg aan die wil van God te laat geskied nie. Hy het vrywillig Sy lewe gegee om oor sonde en enige bose ondeug te triomfeer.

Om die waarheid te sê, Hy gaan in *Matteus 16:24-26* voort "Toe sê Jesus vir sy dissipels: "As iemand agter my aan wil kom, moet hy homself verloën, sy kruis dra en My volg, want wie sy lewe wil behou, sal dit verloor; maar wie sy lewe ter wille van My verloor, sal dit terugkry. Wat sal dit 'n mens help as hy die wêreld as wins verkry maar sy lewe verloor, of wat sal 'n mens gee in ruil vir sy lewe? Die Seun van die mens gaan saam met sy engele kom. Hy sal beklee wees met dieselfde heerlikheid as sy Vader en sal elkeen volgens sy dade vergeld."

Die 'uur' wat die wêreld kon verander
Jare gelede toe ek nog 'n sakeman was, het 'n goeie vriend voorgestel dat ons 'n sakereis na Taiwan en Hong Kong onderneem om vas te stel of daar dalk unieke produkte bestaan wat ons na Suid-Afrika kon invoer. Ons het daar aangekom en 'n afspraak met die Taiwanese sakekamer gemaak. Hulle het verskeie besighede gevra om hul produkte aan ons te kom voorstel, maar dinge het 'n bietjie buite beheer geraak! Ek dink nuus het die rondte gedoen dat ons reuse aankopers was, terwyl ons slegs kleinhandelaars was wat net kom ondersoek instel het. Een van die groot fabrieke het ons toe vir aandete na een van die keurigste restaurante uitgenooi. Ons was vasgevang in al die aandag wat ons gekry het, en het heel belangrik en spesiaal begin voel.

Hulle het ons toe na ons tafel vergesel en is op so 'n manier aan die tafel geplaas dat daar 'n stoel tussen elke man oop was. Dit het aanvanklik vir ons vreemd gevoel, maar ons het aangeneem dat dit die gebruik in Taiwan was. Ewe skielik het 'n paar dames opgedaag en op die leë stoele kom sit. Ons gasheer het geglimlag en in sy Chinese aksent gesê: "Dít is vir julle vanaand."

Verleë het ons na mekaar gekyk en gemaak asof ons heel gewoond daaraan was, alhoewel ons harte uit hulle kaste gebons het! Toe hulle aan ons die duurste maaltyd ooit (duurder as die salaris wat elkeen van ons maandeliks verdien) bedien het, het ons begin om met die vrouens te praat. Hulle was almal goed gekwalifiseerd en was oënskynlik aangename geselskap. Kort voor lank is die dansbaan geopen en is ons uitgenooi om die vloer te open. Ek het so styf soos 'n ysterstaaf gevoel. Ek was so gespanne van vrees en het skuldig gevoel as ek aan Lindah, my vrou in Suid-Afrika, gedink het.

Aan die eenkant wou ons nie die gasheer wat die rooi tapyt uitgerol het en geen onkoste gespaar het in die gesig vat nie, maar ons kon net nie ontspan nie. Die dames wou weet hoekom ons so gespanne was en ons het begin verduidelik dat ons getroud was. Hulle het gelag en gesê: "Kom, kom ons gaan terug na jou hotel. Dalk sal jy daar beter kan ontspan!" Ons het weereens probeer verduidelik dat ons getroud is, maar hulle het slegs gegiggel en gesê: "Dis mos geen probleem nie, julle vrouens is ver weg, kom ons dans vir nog 'n rukkie dan gaan ons terug na jou hotel toe." Ek en my vriend het na mekaar gekyk en met bloed wat deur ons koppe bruis gewonder of dit nou werklik so 'n probleem sou wees … Ons was jong Christene, ver van die huis af weg en op daardie oomblik het *alles so goed gevoel.*

Onder die oortuiging en beskerming van die Heilige Gees het ons uiteindelik tot ons sinne gekom deurdat ons die nagevolge van hul aanbod van korttermyn plesier oorweeg het. Ek het al meermale aan daardie *"uur van versoeking"* wat ons deurstaan het teruggedink en gewonder hoe ons lewe kon verander, sou ons vir daardie gevoelens ingegee het. Sou my huwelik oorleef het? Sou ek vandag besig gewees het met die bediening waarmee ons besig is? Wat sou met my kinders gebeur het? Sou ek selfs nog 'n pad met die Here geloop het?

Elke man gaan só 'n "uur" beleef in sy lewe; 'n tyd waarin ons moet kies om onsself te ontken, die lus van die vlees en die aanloklike plesiere van die wêreld moet teenstaan. Sommige mans sal meermale in hul lewens versoeking moet weerstaan, veral die wat gereeld van die huis af is vir werk. Dieselfde uitdaging geld vir enkellopende mans. Jou toekomstige vrou is iewers daar buite, jy mag haar dalk nog nie ken nie, maar sy reken daarop dat jy jouself vir haar rein hou.   Ek is seker dat jy ook hoop dat sy haarself vir jou rein hou. Krag en dapperheid in 'n man lê in sy verbintenis tot reinheid en eer as hy deur korttermyn luste versoek word.

Bereken die koste

Om die morele grondbeginsel te vestig en in stand te hou, moet ons bereid wees om opofferings te maak deur onsself te "ontken". As Manne van Eer kon optrek, daardie berg verower en getrou aan hul vrouens in die 'uur van versoeking' kon bly, kan hierdie wêreld verander word. Dit is so maklik soos dit! Dit is om te kies om die 'Vlag' op die bergtop wat jy trotseer te hys, om die vyand te oorwin en die heerlikheid van God in te lei. Manne van Eer lei die heerlikheid van God in sodat almal geseën kan wees. Toe die berg oorwin is, was die geallieerde magte van die aanval van die vyand bevry. Lewens is gered en vrede kon na die gebied terugkeer. Elke keer as ons seëvier en die morele grondbeginsel instand hou, bring ons kragtige magte in beweging om vrede, voorspoed en seën vir almal om ons mee te werk.

Kompromie veroorsaak verwarring

Ons kompromeer gereeld op ons waardes soos wat ons gebombardeer word met opinies van die media, flieks, vriende en selfs die regering. Wat byvoorbeeld 10 jaar terug in boeke en films as pornografies beskou is, word nou as vryheid van spraak geag en kan gelees word deur almal. Ouderdomsbeperkings op films het verander vanaf 'nie vir jonger as 21 nie' na 'nie vir jonger as 10 nie' of jonger. Aborsies was onwettig, maar nou kan die lewe van 'n ongebore kind tot op 24 weke getermineer word. Wat is nou werklik reg of verkeerd? Elkeen het deesdae 'n buite-egtelike verhouding. Hoe verkeerd is dit? Stukkie vir stukkie word die 'muur van moraliteit" wat veronderstel is om 'n stad en sy mense te omring en beskerm, uitgekalwer en selfs heeltemaal vernietig.

Onthou jy nog die ou 'Western' flieks met die Indiaanse vegters wat in vinnige gallop om die vesting wat die laaste inwoners beskerm het, gery het? As hulle eers 'n stuk van die muur deurgebreek het en 'n deel van die muur afgebreek het, was dit neusie verby. Ons morele waardes is soos daardie vesting, wat ons gemeenskappe, dorpe en nasies teen ondergang beskerm. Ongelukkig het daardie muur nou baie gate in. Ons spandeer meer tyd en moeite om met mekaar oor aangeleenthede te debatteer en te baklei as om teen die aanval van die bose op ons kinders en gesinne te staan. Is tieners byvoorbeeld veronderstel om seksueel aktief te wees? Wel, ons kan die probleem nie oplos nie, so ons deel net kondome uit! Die Bybel sê dat owerspel 'n ernstige sonde is en dat dit nie slegs mense sal verhoed om in die Koninkryk van die Hemel in te gaan nie maar ook baie emosionele, fisiese en sosiale pyn sal veroorsaak. Jare gelede was dit 'n eer om jouself as 'n maagd aan jou huweliksmaat te gee en te vertrou dat God die eenheid van 'n lewe saam seën.

"In 'n vrou se geval hou eer histories gewoonlik verband met seksualiteit, behoud van eer behels hoofsaaklik om die maagdelikheid van 'n enkellopende vrou en die eksklusiewe monogamie van die res van die huwelik te behou. Mens kan spekuleer dat feminisme 'n invloed op die linguistiese gebruik gehad het in die verband" (2).

Sielsbande

Wanneer ons trou, en ons het reeds seks gehad met verskeie ander persone, bring ons omdat ons teen God gerebelleer het, 'n vloek op ons huwelik. Ons dra ook 'n sielsverbintenis met elke persoon waarmee ons seks gehad het, ook genoem 'n sielsband.

Gedurende seksuele intimiteit vind daar op 'n geestelike en emosionele gebied 'n wedersydse oorplasing plaas wat jou siel met die ander persoon verbind, en wat staande bly selfs as julle uitmekaar gaan. As gevolg daarvan mag jy emosies van wellus, woede, onsekerheid, verwarring in die huwelik in bring. Ander dinamika soos skuld, 'n diepe verlange na die vorige persoon, vergelykings met jou huidige maat en wrewel weerhou jou daarvan om openlik en kwesbaar teenoor jou vrou te wees. Albei persone in die huwelik moet die moeilike probleme hanteer wat weer na die oppervlak sal kom in hul verhouding en moet ekstra uitdagings hanteer deur diep gewortelde emosionele stres te hanteer. Hoe hanteer jy al die verwyte, skuldgevoelens, wrewel, bevooroordeeldheid en selfs fisiese nagevolge soos herpes, VIGS en onbeplande swangerskappe?

Doen 'n eksperiment deur 'n glas met skoon, vars 'maagdelike' water vol te maak. Plaas een druppel van ses verskillende waterverf kleure in die glas. Die gevolg is 'n besoedelde vloeistof wat glad nie soos die oorspronklike lyk nie, omdat dit nou ses verskillende bestanddele in sy samestelling het. Op 'n manier is ons net soos daardie glas, wat dele van ses ander persone in ons emosionele houer dra.

Net so ook, indien jy gebruiklik in kontak met pornografie was, word jy aan daardie ervaringe deur sielsbande van 'n wellustige gees gebind. Hoe? 'n Sielsband is enige verbinding tussen 'n huidige emosionele en geestelike toestand en 'n plek, tyd, ervaring of verhouding van die verlede. Dit het tot gevolg dat jy gedurig in jou gedagtes, emosies en begeertes na daardie 'plek' teruggevoer word. Dit beheer jou. Jy kan jouself nie volledig, in reinheid aan die Here en jou eggenoot gee totdat jy nie deur die krag van God en gereelde korrekte keuses vrygestel is nie. As jy dit persoonlik ervaar het, moet jy dit voor God bely en die gebed aan die einde van die hoofstuk bid. Ek fokus meer op bevryding van verslawings in verdere hoofstukke.

Dit is tyd om ons selfsugtige begeertes neer te lê, om jou kruis op te neem en "nee" te sê vir alles wat teen die weë van God is en weer die morele grondbeginsel op te eis.

Dit is hoekom Dawid Salomo aangespoor het om die gebooie, voorskrifte en getuienisse van God te onderhou. Daar moet 'n riglyn wees wat die moeilike tye ten spyte van mense se opinies kan deurstaan. Daardie riglyn vir ons is God se Woord. Ek glo, om ons verder te beskerm het ons toerekenbaarheidsgroepe nodig, ander mans waarmee ons kan praat om ons te help om op die regte pad te bly. Ek het 'n droom om 'Manne van Eer' groepe te begin wat op 'n maandelikse basis ontmoet vir daardie doel. In die aanhangsel aan die einde van die boek, brei ek meer hieroor uit.

2. Regverdigheid in stand te hou

Ons kan slegs regverdig gemaak word deur God deur ons aanvaarding van, en onderwerping aan Jesus Christus ons Here en Redder. In Hom is ons van alle sonde gereinig en regverdig gemaak. Ons word dan geroep om reg te lewe en 'n regte pad te stap.

Dit kan beskryf word om "soos Christus", onwrikbaar vas te hou aan 'n standaard van waardes wat waar, eerlik, lewensgewend en respekvol is.

'Regverdig' volgens Strong se Konkordansie 6662 (tsaddiq): Beteken wie regverdig is, duidelik en skoon; 'n persoon wat deur gelykheid, integriteit en regverdigheid in alle omstandighede gekarakteriseer word. Dit dui ook op gelykvormigheid aan die openbare Woord van God in alle opsigte.

Karakter van 'n regverdige man

A. Nederigheid

Nederigheid kan beskryf word as 'n algehele afwesigheid van selfgesentreerdheid. Dit gaan nie oor die wêreld wat om ons behoeftes, prestasies, opinies, voor- en afkeure draai nie. God hou 'n nederige en berouvolle hart as een van die mens se hoogste karaktereienskappe staande.

Jesaja 66:2 "Ek het alles gemaak en so het alles ontstaan, sê die Here. **Ek slaan ag op die mens in nood, op die een wat berou het oor sy sonde**, wat ontsag het vir my woord."

Miga 6:8 "Mens, die Here het jou bekend gemaak wat goed is: **Hy vra van jou dat jy reg sal laat geskied, dat jy liefde en trou sal bewys, dat jy bedagsaam sal lewe voor jou God.**" (eie beklemtoning)

Nederigheid is ook 'n algehele afwesigheid van verwaandheid, ongeskiktheid, aggressiwiteit, hardkoppigheid en 'n kritiese houding. As ons mense op die manier hanteer, is ons besig om Jesus Christus heeltemaal te verwerp terwyl ons 'heerskappy' gee aan die houdings in ons lewens in plaas daarvan om deur die Heilige Gees gelei te word.

Nederigheid sal deur die motief van jou hart getoets word. Dit is 'n houding wat daarna smag om ander tot sy Sy eer te dien met jou unieke godgegewe roeping, gawes en hulpmiddels. Dit beteken nie om 'n vloermat te wees nie. Dit is 'n gees van sagmoedigheid en nie swakheid nie. Sagmoedigheid is krag onder God se beheer, om standpunt in te neem en 'n verskil in die wêreld te maak.

Spreuke 18:12 "Op selfverheffing volg ineenstorting, **op nederigheid eer.**" Trots en verwaandheid loop verderf vooruit.

Slegs dié met 'n nederige gees kan ander opreg eer en in regverdigheid wandel.

B. Diensbaarheid

Dit is 'n bereidwilligheid om maniere te vind om jou vrou, gesin, kerk te dien. Ons houding moet wees: "Wat is jou behoeftes en hoe kan ek daaraan voldoen?" nie, "Dit is my behoeftes. Hoekom voldoen jy nie daaraan nie?' Grootheid lê nie in hoeveel mense jou dien nie, maar hoeveel mense jy dien.

Kyk byvoorbeeld na Moeder Theresa. Sy het haar lewe gegee om die behoeftiges van Calcutta te dien en het 'grootheid' in die oë van God en die wêreld gekry. Mans verwag van hul vrouens en kinders om hulle te dien en word dogmaties en geïrriteerd as hulle op enige manier teengestaan word. God het ons geroep om te lei en om 'n voorbeeld van diensbaarheid in die gesin te wees. Ons gee die toon en houding in ons gesinne aan deurdat ons die diensbare hart van Christus weerspieël. Doen dit en jy sal 'n algehele gedaanteverwisseling in jou gesin ervaar.

C. Waarheid

Johannes 1:5-7 "Dit is nou die boodskap wat ons by Hom gehoor het en aan julle verkondig: God is lig, en daar is geen duisternis in Hom nie. As ons beweer dat ons aan Hom deel het, en ons lewe in die duisternis, lieg ons en handel ons nie volgens die waarheid nie. Maar as ons in die lig lewe soos Hy in die lig is, het ons met mekaar deel aan dieselfde gemeenskap en reinig die bloed van Jesus, sy Seun, ons van elke sonde."

Die woorde 'waarheid' en 'lig' het betrekking tot die definisie van wie God is. Om in die Waarheid te wandel is om in die Lig te wandel en om in die Lig te wandel is om in God te wandel.

Johannes 14:6 "Jesus het vir hom gesê: "Ek is die weg en die waarheid en die lewe."

Psalm 43:3-4 "Stuur u lig en u waarheid dat die my lei en my bring na u heilige berg, na u woning!"

Waarheid is die basis van vertroue in die huwelik. As jou vrou aan die waarheid van jou woorde en voornemens twyfel, sal dit vir haar moeilik wees om jou te vertrou en 'n huwelik sonder vetroue lei tot jaloesie, angs, vrees en verdeeldheid.

Eer en waarheid in besigheid

Manne van Eer kan vertrou word as gevolg van hul beginsel-vaste verbintenis om ten alle tye met betrekking tot verhoudings, finansies en besigheidstransaksies in die waarheid te wandel.

Jare gelede was die basis vir alle transaksies *'my woord is my eer'* en reuse transaksies is met 'n handdruk beklink. Lindah se pa was 'n aandelemakelaar in die 1970's en ek kan onthou hoe hy vertel het hoe hy transaksies ter waarde van miljoene rande met 'n woord of 'n handdruk sou bevestig. Dit het groot effekti-witeit, lae koste en effektiewe besigheidstransaksies tot gevolg gehad.

Tans moet elke besigheidstransaksie deur prokureurs met stapels wettige dokumente opgetrek word. Daar is hoë regsonkostes aan verbonde asook kostes vir transaksies wat vertraag word sowel as 'n mors van produktiewe tyd.

Manne van Eer is daartoe verbind om met finansiële integriteit en waarheid in alle transaksies te wandel. Hoe tragies is dit nie as mense hul spaar-, aftree en hard verdiende geld aan maat-skappye toevertrou om jare later uit te vind dat hulle alles as gevolg van korrupsie en bedrog verloor het. Ek het dit persoon-lik ervaar, deurdat ek my pensioenspaargeld aan 'n finansiële instelling toevertrou het wat toe as gevolg van erge korrupsie onder geregtelike bestuur geplaas is. Om die waarheid te sê, die uitvoerende bestuurder het selfmoord gepleeg en 'n spoor van bedrog en verwoesting nagelaat. Sulke stories kom vandag rede-lik algemeen voor.

Eer in jou finansies en tyd

Mans kan groot heldedade doen, maatskappye lei, berge beweeg en selfs nasies regeer, maar een van die 'lakmoestoetse' van eer sal wees wat hulle met die geld in hul beursies doen. Hoe ons ons geld spandeer ontbloot wat in ons hart aangaan. As geld ons god is, is dit wat ons sal eer. As jy jou geld op op motors en wis-pelturige speelgoed vir jou plesier spandeer, is dit wat jy eer deur al jou tyd en energie te spandeer om dit te verkry.

Wanneer ons kies om God die eienaar van al ons geld en rykdom te maak en besef dat ons slegs *'rentmeesters'* is van alles wat Hy ons gegee het, sal ons Hom eer en keuses maak wat gelei word deur Sy Heilige Gees. *Spreuke 3:9* "Vereer die Here met offerandes uit al wat jy besit en met die beste uit jou oes."

Deuteronomium 8:17-19 "Jy kan dalk dink: my krag en my sterk hande het vir my hierdie rykdom verwerf. Maar jy moet die Here jou God nie vergeet nie, want dit is Hy wat jou die krag gee om die rykdom te verwerf. So hou Hy die verbond in stand wat Hy met 'n eed aan jou voorvaders beloof het. So is dit nou nog. As jy ooit die Here jou God vergeet en ander gode aanhang en hulle dien en eer, verklaar ek vandag dat jy beslis tot niet sal gaan."

As ons God eer as die een wat ons daartoe in staat stel om wel-vaart te bewerkstellig en wat die eienaar van wesenlikheid is, sal ons oorvloediglik vir die koninkryk gee, en geld spandeer, belê en hanteer met 'n regverdige hart vol vertroue en waarheid.

God se belofte, "...meer as wat julle kan gebruik..." *Maleagi 3:10 (parafrase)*. God daag ons uit om Hom hierin te toets, want as ons Hom eer deur ons finansies reg te hanteer, sal Hy die ven-sters van die hemel oopmaak en oorvloediglike seën vanuit die hemel op ons uitstort.

Ons het mans nodig op wie ons in besigheid kan vertrou en staatmaak om die morele grondbeginsel te hervestig - mans wat "nee" sê vir omkopery, hebsug, bedrog en korrupsie. Ons benodig mans wat niks met selfsugtige motiewe sal doen wat verlies en pyn vir ander sal bewerkstellig. As jy goedere en dienste koop, of 'n lening maak, betaal jou skuld betyds terug. Dit bring oneer as jy beloftes maak en nie betaal nie. Moenie bo jou behoeftes koop nie, dit is hebsug. As jy in 'n moeilike situasie beland, bel die mense en bespreek jou opsies. Bewys aan ander dat jy ten alle tye betroubaar en eerbaar is.

Ons moet ook eerlik wees en optree en ons verantwoordelikhede teenoor ons werkgewers nakom. Hoeveel tyd spandeer jy byvoorbeeld op die telefoon en hanteer persoonlike probleme gedurende werkstyd? Hoeveel tyd mors jy deur met vriende op *Skype of Facebook* te praat en deur aangestuurde eposse te lees? So minag jy jou werkgewer gedurende die besigheid se tyd. Die gebruik van die besigheid se skryfbehoeftes, brandstof of hoe jy die uitgawes opteken, is almal deel van die vergelyking.

Die mag van vertroue
In die boek "The Speed of Trust" Stephen H.R. Covey (3) staan daar geskrywe dat:
- Niks so vinnig is soos die spoed van vertroue nie.
- Niks so vervullend is soos 'n vertrouensverhouding nie.
- Niks so inspirerend is soos 'n aanbod van vertroue nie.
- Niks so winsgewend is soos die ekonomieë van vertroue nie.
- Niks meer invloed het as die reputasie van vertroue nie.

Hy gaan verder deur te verduidelik dat as vertroue hoog is, daar 'n groter doeltreffendheid in transaksies is wat laer koste en hoër wins tot gevolg het. Andersins, as vertroue laag is, is die spoed van 'n transaksie ook laag, wat lei tot hoë koste en lae wins.

Dink net hoeveel tyd en geld deesdae by al die sekuriteitspunte by die lughawens oral oor die wêreld gemors word, omdat mense nie vertrou kan word nie!

Mits Manne van Eer nie in die regering, gesondheidsdienste, onderwys, besigheid, kuns, media en in al die ander sfere in ons samelewing opstaan nie, staar ons toenemende lewenskostes, meer misdaad, armoede, siekte en oproer oor die wêreld en selfs die verval van sosiale strukture in sig.

3. In getrouheid te wandel

Psalm 25:10 "Liefde en trou is die paaie wat die Here bewandel met die wat sy verbond en verordeninge bewaar."

God word in die Bybel beskryf as 'n God van standhoudende liefde en getrouheid, wat twee karaktereienskappe is wat in ons ook gevind moet word.

1 Samuel 26:23 "Mag die Here elkeen volgens sy geregtigheid en trou beloon,"

Getrouheid is 'n onwankelbare, onvoorwaardelike verbintenis aan die volgende:
- Eer God elke dag in alles wat jy dink, sê en doen soos wat jy Hom en die doelstellings vir jou lewe dien.
- Eer, koester en wees ten alle tye lief vir jou vrou.
- Wees lief vir en eer jou kinders en gesin deur hulle eerste, voor ander verpligtinge en belangstellings te stel.
- Hou integriteit, waarheid, verantwoordelikheid en verbintenis in alle omstandighede in stand.
- Wees getrou in elke gedagte, woord en daad.

Eer en stel duidelike grense in huweliksverband:
- Ek sal nie vir my vrou lieg nie.
- Ek sal op geen manier, hetsy deur die internet, films of tydskrifte, betrokke raak by pornografie nie.
- Ek sal nie intieme verhoudings of persoonlike vriendskappe met ander vrouens aanknoop nie. Ek sal geen ander vrou sosiaal alleen of op enige ander manier ontmoet nie.
- Ek sal nie my vrou mondelings mishandel met gedurige kritiek, sarkasme, woede en fel woorde nie.

Ek het een keer berading met 'n paartjie wat se huwelik in 'n krisis was gedoen. Die man het gedurig op 'n vernederende manier gepraat en het sy vrou verbaal afgekraak. Sy reaksie was dat hy haar ten minste nie fisies mishandel nie! Ek het vir hom gesê dat hy sy mond soos 'n vuis gebruik en dat dié mishandeling net so erg was, indien nie erger nie.

Manne van Eer moet gedurig op soek wees na maniere om hul vrouens se selfskatting, waarde en waardigheid op te bou. Jou vrou is veronderstel om veilig en beskermd te voel in jou teenwoordigheid. Sy moet daartoe in staat wees om jou motiewe geheel en al te vertrou en vrede te ervaar saam met jou. *Getrouheid bou vertroue; vertroue bou harmonie en vrede in julle verhouding wat lei tot seën en voorspoed in jul lewens.*

Dit kos dapperheid om 'n 'Man van Eer' te wees en om op te staan teen korrupsie, wellus, lis en die kompromie op goddelike waardes in die wêreld. Die noodkreet van vroue en kinders wat die meeste ly, is byna oorverdowend in hul wanhoop.

Die oproep is vir mans om op te trek, die berg te oorwin, die morele grondbeginsel te hervestig en regverdigheid, getrouheid en waarheid in stand te hou. Manne van Eer bou vertroue wat harmonie, vrede, vreugde neerlê, en van die wêreld 'n veiliger plek maak vir almal om in te lewe en in geseënd te wees.

1. Gebed deur Pastoor Joe Wright (Internet)
2. Wikipedia Kommentaar (Internet)
3. "The Speed of Trust" Stephen H.R. Covey (Simon & Schuster)

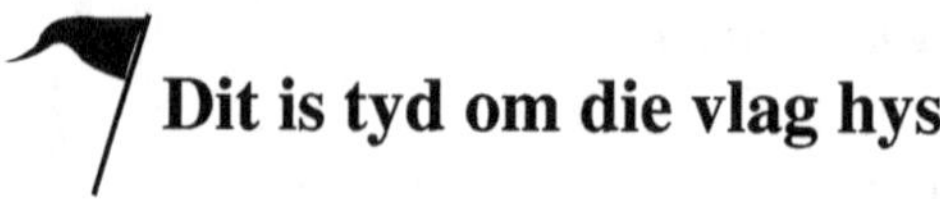

Dit is tyd om die vlag hys

Persoonlike oordenking

Lees en dink aan 1 Konings 2: 1-3

1. Hoekom moet mens dapper wees om 'n man te wees?

2. Met watter morele grondbeginsel het jy 'n kompromie aangegaan?

3. Voor watter versoeking het jy te staan gekom en het jy voor geval?

Gebed om sielsbande te breek

Indien moontlik bid die gebed saam met 'n geestelike leier.

God en Vader ek vra U om my te vergewe vir seksuele betrokkenheid buite die huwelik. Vergewe my dat ek die vrouens waarmee ek seks gehad het, verneder het en hulle gelei het om teen U Woord te sondig. Ek vra U om my te reinig met die bloed van Jesus en om die sielsbande tussen my en die vrouens te verbreek. Ek bely en neem beheer oor die geeste van bedrog, wellus, woede, verwarring, verwerping (of enige ander gees wat jy kan identifiseer); wat ek toegang gegee het in my lewe of wat aan my emosioneel en geestelik oorgedra mag wees. Ek vra ook, Vader dat U die vloek op my lewe sal verbreek sowel as enige erfsonde op my kinders - in Jesus se Naam. AMEN

Groepbespreking

1. Watter morele grondbeginsel moet ons weer verower in ons samelewing?

2. Bespreek die gebed van Pastoor Wright.

3. Bespreek Matteus 16:24-26

4. Bespreek die volgende punte en hoe hulle vertroue bou in ons verhoudings:
   - Geregtigheid
   - Diensbaarheid
   - Nederigheid
   - Waarheid

5. Transaksies
   Deel persoonlik watter berge jy moet oorwin om weer die morele grondbeginsel te herbevestig in verskeie areas van jou lewe. Bespreek die konsep van 'die uur' wat die wêreld kan verander.

6. Bespreek:
   Getrouheid bou vertroue, vertroue bou harmonie en vrede in jou verhoudings en dit lei tot seën en voorspoed in jou lewe.

7. Bid vir genade en dapperheid vir elke persoon om uit te gaan en hul berg te gaan opeis.

'n Doel om voor te lewe en te sterwe

Ek was redelik deur die fliek *Braveheart* uitgedaag. William Wallace het na sy geboorteplek teruggekeer, om in die huis wat sy pa aan hom nagelaat het, te lewe. Hy het besluit dat dit tyd was om hom daar te vestig, te boer en deel van die gemeenskap te wees. Hy stel vas dat die mense van die omgewing deur die goewerneur van die area wat gedurig hul dorpies beroof en op hulle gesaaides beslag lê, in slawerny gebind was. Die goewerneur wat op die bevel van die koning gereageer het, daag toe met 'n dekreet op wat beveel dat elke meisie wat verloof was van nou af, die nag voor haar troue met die koning sal spandeer. Hy sou haar seksuele reinheid skend op die vooraand van haar huwelik.

In die tussentyd ontwikkel William 'n verhouding met 'n pragtige meisie van die dorp wat daartoe lei dat hulle geheimsinnig trou. Die volgende dag, probeer die soldate om William se verloofde te verkrag. Hy val die soldate aan, en vlug om haar te gaan ontmoet in 'n afgeleë woud omdat hy gedink het sy ontsnap het. Sy is egter deur die goewerneur gevange geneem en geweldadig vermoor omdat sy die soldate teengestaan het.

Woedend oor die voorval, val William die soldate aan en oorwin hulle en maak die goewerneur dood. Daarna val hy ander vestings aan en stuur die soldate na die koning van Engeland terug met die volgende boodskap: "Skotland se dogters en seuns is nie meer joune nie, Skotland is nou vry."

Op 'n stadium in die oorlog, het sy landsgenote wat die gedugte weermag van Engeland aangeval het, begin twyfel of hulle ooit kan wen. William verklaar dapper: "Ons kan en ons sal."

Op die ou end, is hy gevange geneem en moes 'n keuse maak tussen onderdanigheid aan die koning of die dood. Hy antwoord: ***"Almal sal doodgaan, baie min mense lewe werklik."*** William Wallace stel homself ten doel deur die taak op homself te neem om terug te veg teen die tirannie en onderdrukking van die magte van Engeland en toe te sien dat sy mense vrygestel word. Dit is 'n saak om voor te lewe en vir hom, 'n saak om selfs voor te sterwe.

Terwyl ek na die afgryslike toneel gekyk het, onthou ek dat ek gedink het: "O, God, hoe afgryslik, ten minste hoef paartjies wat trou nie dié mate van tragedie te hanteer, waar die maagdelikheid van 'n meisie van haar gesteel word voordat sy trou nie." Ek het gevoel dat die Gees van God vir my sê: "Maar dit is presies wat vandag gebeur!" Mans jag agter jong meisies aan en gebruik elke moontlike plan om meisies te verlei om seks met hulle te hê. Geld, motors, duur geskenke, partytjies, drank en selfs dwelms word gebruik sodat hulle kan kry wat hulle wil hê. Hulle sal selfs ewige liefde verklaar om hul eie wellustige behoeftes te bevredig.

Baie min meisies sal in vandag se samelewing as maagde voor die kansel staan. Mans onteer meisies selfs al is hulle daarvan bewus dat hul toekomstige eggenote bestaan en geduldig wag vir die "rein en vlekkelose" bruid. Ons leef nie in die tirannie van die dae van William Wallace nie, maar die motief en die oogmerk is nog steeds daar, "vat wat ek kan vir my eie selfsugtige plesier." Lok, verlei, steel, lieg wat ookal! Ek glo ons moet hierdie euwel net soos William Wallace met soveel passie en oortuiging aanpak. Manne van Eer moet opstaan en 'nee' sê vir die instandhouding van hierdie bose praktyk om vrouens se lewens, hul waarde en potensiaal vir hul huwelike te vernietig. Ons moet vrouens met eer en respek behandel. Ons moet hulle as waardevol en kosbaar beskerm en hul vertroue, geloof en hoop in mans herstel. Dit is saak om voor te lewe, en indien nodig, te sterwe. Laat ek net beklemtoom dat **daar geen liefde sonder eer bestaan nie.** Jy kan nie vir 'n vrou vertel dat jy vir haar lief is terwyl jy besig is om haar uit te lok, te manipuleer en druk op haar te plaas om voorhuwelikse seks met jou te hê nie. Dit sal slegs daartoe lei dat sy misbruik, verwerp, seergemaak, skuldig en diep vernederd voel. Eer doen nooit enige iets wat op enige manier 'n vrou sal seermaak of blootstel nie. Eer is die hoeksteen vir liefde. Dit beskerm, voed, onderhou, koester en bou ten alle tye op.

Kom ons maak 'n verskil en hou op om verskonings te maak

Op pad na die Kruis moes Jesus die koste bereken. Hy wou die morele grondbeginsel betree, die krag van die vloek van sonde breek en mense van die tirannie van euwel vry stel. In *Matteus 4* sien ons hoe Jesus deur die Gees in die wildernis ingelei is om te vas en te bid en om deur die duiwel in versoeking gelei te word. Na 40 dae moes Hy honger gewees het, en ek is oortuig daarvan ook ietwat swak. Die duiwel versoek Jesus met vals beloftes om Hom te verlei. Jesus word uitgelok om op te gee op Sy roeping, die beste belang vir 'self' te vind, en om God te ontken om sodoende krag van die duiwel te ontvang. Hy het *"nee!"* gesê vir al die bogenoemde.

Wat sou gebeur het as Hy aan die versoeking toegegee het en besluit het dat Hy nie die Kruis en al die pyn wat Hy moes deurmaak, veral die verwydering van Sy Vader, kan hanteer nie?

Wat daarvan as …

- Abraham gesê het hy is nie bereid om sy gesin en land te verlaat toe God hom geroep het om na die nuwe land wat Hy hom sou wys te gaan nie?
- Moses besluit het om nie teen Farao op te staan nie?
- Josua aan sy vrees vasgehou het en nie die Israeliete gelei het om Jerigo oor te neem en die Beloofde land in te gaan nie?
- Dawid slegs die 'Reus' gesien het, God nie vertrou het en Goliat doodgemaak het nie, al het hy net 'n slingervel en vyf klippies gehad?
- Mense soos John Wesley, Moeder Theresa, Billy Graham, en Nelson Mandela gesê het hulle kan nie?
- Ek en jy nie opstaan en veg vir die doel wat God ons gegee het nie?

Sukses en oorwinning vir die wat hulself verbind het begin waar die meeste mense opgee!

Hebreërs 11:32-39 "En wat moet ek nog meer sê? Die tyd ontbreek my om te vertel van Gideon, Barak, Simson en Jefta, van Dawid, Samuel en die profete. Deur die geloof het hulle koninkryke verower, die reg van God gehandhaaf en verkry wat God beloof het; hulle het leeus se bekke toegestop, gloeiende vuur geblus en aan die swaard ontkom; hulle het in swakheid krag ontvang, was sterk in oorlog en het die leërs van vreemdes op die vlug gejaag. Vroue het hul dooies teruggekry, opgewek uit die dood. Ander gelowiges wou nie die prys vir hul eie vrylating betaal nie en is doodgemartel; hulle wou die opstanding tot 'n beter lewe deelagtig word. Ander weer het bespotting en lyfstraf verduur, selfs boeie en gevangenskap. Gelowiges is met klippe doodgegooi, in stukke gesaag, met die swaard vermoor. Hulle het rondgeswerf in woestyne en op berge en het in grotte en in gate in die grond gelewe. En hoewel daar oor hulle almal vanweë hul geloof met soveel lof getuig is, het hulle nie verkry wat beloof is nie..."

Hierdie mans van wie gesê word, *"die wêreld was dit nie werd nie"* het dit vir ons nageslag gedoen, vir ons voordeel. 'n Volkome onselfsugtige optrede van selfopoffering, om hul berg te klim en die *vlag van Eer* te plant soos wat hulle die morele grondbeginsel hervestig.

Ons leef egter in 'n wêreld waar mans nie hul emosies en monde kan beheer nie of die pornografie op die rekenaar kan afskakel nie. Hulle kan nie ophou kla, kritiseer, kerm of toelaat dat die irritasie van woede teenoor hul geliefdes in hulle opwel nie. Mans kan nie opkom in die oggende om tyd met God te spandeer nie, om aanwysings na die berge wat hulle moet oorwin te kry nie. Sommige kan nie eens hul huis of motor skoon hou nie! 'n Man het my kom sien vir huweliksberading of om my eerder in te lig dat hy sy vrou verlaat want hy het *"niks meer gevoel nie."* Sy vrou en sy kinders was geheel en al ontsteld en gebroke, maar hy het niks meer gevoel nie.

Hier is aardskuddende nuus… daar is geen maklike gevoelens op pad om jou berg te oorwin nie. Jesus het oppad na die kruis bloed gesweet. Dit is slegs mans, wat deur die hart van God gemotiveer word om vir 'n saak te lewe en sterwe, wat die berg aanpak - mans wat hul lewens sal gee om die vlag van Eer vir hul gesin, span en nasie te hys.

Jy mag moontlik onvoldoende voel of dat jou berg te hoog is. Jy mag dalk teruggehou word deur 'gister' se sondes en skuldgevoelens. In nederigheid en skuldbeleiding word ons vrygemaak van ons teleurstellings van die verlede. God roep ons om op te staan en 'vandag' aan te gryp, sodat ons ons 'toekoms' kan verander.

God roep ons tot aksie en Hy bekwaam diegene wat nederig is en 'n gewillige hart het.

"Die enigste ding nodig vir euwel om te seëvier...is vir goeie mans om niks te doen nie." Edmund Burke

Dit is tyd om op te hou om verskonings te maak vir jou optrede en vir die wêreld waarin jy leef. Dit is tyd om 'n verskil te maak!

Dit is tyd om die vlag te hys

Persoonlike oordenking

1. Wat is die doel of passie waarvoor jy leef?

2. Hoe passievol voel jy oor die volgende punte?
- Om te lewe deur jou geliefdes te eer.
- Om getrou te wees aan jou verpligtinge en beloftes.
- Om te lewe in regverdigheid en waarheid.

3. Het God jou al ooit geroep tot iets groters as jouself?

4. Het jy gereageer op en was jy gehoorsaam aan die roeping?

Groepbespreking

1. Bespreek die "wat daarvan as" moontlikhede op bladsy 52.

2. Lees Hebreërs 11:32-39.
   Bespreek jou emosionele reaksie hierop.

3. In watter area van jou lewe kan jy reageer op die uitlating van Edmond Burke?

4. In watter areas van jou lewe het jy verskonings gegee om nie betrokke te raak nie?

5. In watter area roep God jou om in betrokke te raak en 'n ver skil te maak?
   Wat is die eerste stappe wat jy kan neem?

6. Bid vir mekaar.

"Wandel Waardig" in ons roeping

Omdat ons hierdie posisie van eer in Christus ontvang het, gaan Paulus voort om ons in *Efesiërs 4* te 'vermaan' om waardig te wandel en te lewe.

Efesiërs 4:1 "Ek druk julle op die hart, ek wat 'n gevangene is omdat ek die Here dien: **Laat julle lewenswandel in ooreenstemming wees met die roeping** wat julle van God ontvang het."

In *vers 17* sê Paulus dat dit nou tyd is om op te hou om te lewe soos voorheen.

Efesiërs 4:17-32 "In die Naam van die Here doen ek 'n ernstige beroep op julle: Moenie langer soos heidene lewe nie. Hulle gedagtes lei na niks, hulle verstand is verduister, en hulle het geen deel aan die lewe wat God skenk nie, omdat hulle hardnekkig in hulle onkunde volhard. Hulle het heeltemaal afgestomp geraak en hulle met 'n onversadigbare drang aan losbandigheid oorgegee om al wat vuil is, te doen. Maar dit is nie hoe julle Christus leer ken het nie. Julle het tog van Hom gehoor, en omdat julle sy volgelinge is, is julle onderrig volgens die waarheid wat Jesus is. Hou dan op om te lewe soos julle vroeër gelewe het; breek met met die ou, sondige mens in julle wat deur sondige begeertes verteer word. Julle gees en gedagtes moet nuut word; lewe as nuwe mense wat as die beeld van God geskep is: lewe volkome volgens die wil van God en wees heilig. Noudat julle die valsheid afgelê het, moet julle onder mekaar die waarheid praat, want ons is lede van dieselfde liggaam. As julle kwaad word, moenie sondig nie, en moenie 'n dag kwaad afsluit nie.

Moenie die duiwel vatkans gee nie. As iemand 'n dief is, moet hy ophou steel; hy moet deur harde werk op 'n eerbare manier self in sy lewensonderhoud voorsien; dan sal hy iets hê om vir die armes te gee. Vuil taal moet daar nooit uit julle mond kom nie; praat net wat goed en opbouend is volgens die eis van omstandighede, sodat dit julle hoorders ten goede kan kom. En moenie die Heilige Gees van God bedroef nie, want Hy het julle as eiendom van God beseël met die oog op die verlossingsdag. Moet nooit verbitterd of opvlieënd wees of woedend word nie; moenie vloek of skel nie; moet niks doen wat sleg is nie. Wees goedgesind en hartlik teenoor mekaar, en vergewe mekaar soos God julle ook in Christus vergewe het." (eie beklemtoning)

Stap weg van skande af en stap in 'eer'

- **Moenie langer lewe** vir wellustige plesier of allerlei onreinhede nie. Pornografie, seksuele fantasieë, masturbasie en ander verslawings is wellustige plesiere wat die lewens van mans verwoes. Dit is nie wat ons in Christus geleer het nie, Hy wat sy lewe gegee het om ons vry te maak van 'n lewe van skandelike gedrag en ons tot 'n posisie van eer verhef het.
- **Breek met** julle ou sondige natuur en julle vorige lewenswyse wat bevlek was deur wellus en bedrog.
- **Hou op** om leuens te vertel. Leuenagtigheid, in enige vorm, teenoor ander, lei tot bedrog en verwoesting in jou lewe. Satan het Adam en Eva belieg en sodoende die val van die ganse mensdom veroorsaak. Hou op om kwaad te word, dit gee aan Satan 'n vastrapplek. Hou op om te steel, werk liewer ywerig en gee ruimhartig aan ander. Moenie vuil of beledigende taal gebruik nie; spreek liewer woorde wat opbouend kan wees vir die toehoorders.
- **Moet nie** verbitterd, opvlieënd of woedend word nie. Vermy woorde wat ander seer maak, byvoorbeeld skinder, en wat tot allerlei bose optrede lei.

Paulus gebruik woorde wat uitdruklik is: moenie langer lewe, breek met, hou op, moet nie. Met ander woorde, neem beheer van jou lewe; begin om jou lewe te orden en te rig want niemand anders kan dit vir jou doen nie. Mense kan jou help, vir jou bid en raad gee, maar hulle kan nie jou gedagtes, emosies, gesindheid en optrede beheer nie.

Spreuke 25:28 "Soos 'n stad sonder 'n muur om hom te beskerm, so weerloos is 'n mens as hy nie selfbeheersing het nie." (eie beklemtoning). Wanneer 'n mens geen beheer of selfbeheersing oor sy aksies of emosies het nie, is hy soos 'n stad wat geen beskerming het nie en wat die vyand toelaat om binne te gaan en dood te maak, te steel en te verwoes. Die langtermyn gevolge is altyd pynlik en saai verwoesting.

Toe ek met 'n man wie se huwelik aan die verbrokkel was, berading gedoen het, het ek *Efesiërs 4* met hom gedeel en verwys na sy plig om te breek met, op te hou en ontslae te raak van dinge in sy lewe wat die verbrokkeling van sy huwelik veroorsaak. Hy het geantwoord: "Wel, miskien kan ek probeer, maar ek't tyd nodig om daaroor te dink." "A-nee-a...dis nie nou tyd om te dink nie, maar om te sterf aan jouself. Begin onmiddellik," was my uitdaging aan hom. Ons moet vandag heerskappy en selfbeheersing oor ons aksies en emosies neem anders sal die vyand ons vir ewig plunder, soos die stad sonder mure.

Wanneer 'n valskermspringer uit die vliegtuig spring, kom daar die oomblik dat hy die tou moet trek om die valskerm oop te maak. Hy kan nie die kans waag om dit nie oop te maak of om eers 'n bietjie te talm nie, hy moet dit doen ... en onmiddellik. As jy in jou motor ry en 'n perd spring skielik voor jou motor in die pad in, kan jy nie besluit om later te rem nie, jy moet onmiddellik remtrap of moontlik sterf, indien nie.

Lindah en ek het by geleentheid vir 'n naweek weggegaan en tuisgegaan in 'n vakansiehuisie. Ons het pas die kosvoorraad uitgepak in die kombuis toe 'n groot kokkerot oor die vloer hardloop. Met een swierige sprong was Lindah bo-op die toonbank van die kombuis, met 'n luide gil: "Maak dood, maak dood!" Dit was nie die oomblik vir my om te sê: "Wel, laat ek so 'n bietjie nadink daaroor nie." Dit was tyd vir aksie!

Hierdie gesindheid en gewoontes is besig om jou lewe en die lewe van jou gesin te verwoes. Dit maak ander seer en dit is sonde, ons moet dit bely voor die Here en tot Hom bekeer. Wanneer ons dit doen, sal die Heilige Gees vir ons die krag gee om te verander en bevry te word.

Die vervangingsbeginsel

Ons sal nooit oorwinning behaal deur maar net te *probeer* om op te hou nie. Ons moet dit wat negatief en sleg is vervang met dit wat positief en goed is. In *Efesiërs 4:23,24* leer ons "Julle gees en gedagtes moet nuut word; lewe as nuwe mense wat as die beeld van God geskep is; lewe volkome volgens die wil van God en wees heilig."

Raak byvoorbeeld ontslae van woede en toorn. Stel doelbewus liefde, vergifnis en eer teenoor ander vry met die hulp en krag van die Heilige Gees. Indien jy vasgevang is in wellustige seksuele verslawing, moet jy *doelbewus die magte wat jou in hierdie lewensstyl intrek, op die volgende wyse beveg en oorwin:*

- Eerstens moet jy jou bekeer (die kwade met opregte berou bely en neerlê). Wandel dan in verantwoording met 'n geestelike leier wat vir jou toeganklik is en wat jou kan ondersteun.
- Identifiseer die "wortel van kwaad" wat die wellus aanvuur. Waarom en waar het dit alles begin? Bring die wortel van die

kwaad na Jesus Christus en gee dit oor aan Hom en vra Hom
om jou daarvan te bevry.

- Gee jou liggaam, hande, oë en denke aan die Here oor om
  slegs vir Sy doel en plesier gebruik te word.
- Op die oomblikke wat jy normaalweg na pornografie
  sou kyk, beplan om liewers met vriende wat jou sal
  ondersteun tyd te spandeer, lees boeke wat jou positief
  motiveer, doen oefeninge, kyk na 'n Christelike DVD
  en beoefen so hierdie vervangingsbeginsel.

Ons is nie daartoe in staat om in ons eie krag ons roeping te ver-
vul en 'n Man van Eer te wees nie. Daarom het Jesus belowe dat
Hy vir ons die Heilige Gees sal stuur: die helper, die versterker
en die een wat ons in staat stel en ons die krag gee om 'n god-
vrugtige lewe te lei. Ons wandel dan nie meer in ons eie krag of
vermoëns nie, maar deur Sy Gees wat in en deur ons werk om
die negatiewe emosies te vervang met die vrug van die Heilige
Gees. Dit is die 'mag van oorgawe' waardeur ons Hom toelaat
om ons die krag te gee, om ons toe te rus en om ons te maak wat
ons behoort te wees.

In verse 2-6 gaan Paulus voort om ons te leer hoe om 'waardig
te wandel' in die Gees van God: "Wees altyd beskeie, vriendelik
en geduldig, en verdra mekaar in liefde. Lê julle daarop toe om
die eenheid wat die Gees tussen julle gesmee het, te handhaaf
deur in vrede met mekaar te lewe. Daar is net een liggaam en
net een Gees, soos daar net een hoop is waartoe die Here julle
geroep het. Daar is net een Here, een geloof, een doop, een God
en Vader van almal: Hy wat oor almal is, deur almal werk en in
almal woon."

Ons is in werklikheid almal deel van een liggaam, die liggaam
van Jesus Christus. Laat ons elke poging aanwend om te wandel
met 'n nederige en sagmoedige gees, en maak ruimte vir mekaar
se foute. Die vervangingsbeginsel en om te wandel in die teen-
oorgestelde rigting is 'n kragtige dryfveer om te verander en te

groei in ons lewe. Dit is die beste wyse om negatiewe, vernieti-
gende emosies en gewoontes te oorkom, genesing te bevorder en
verhoudings te herstel.

Regte verhoudings
Kolossense 3 bevestig en gee ons kragtige beginsels vir ons le-
wensreis as 'n Man van Eer. Hierdie beginsels bepaal hoe ons
moet optree en waarsku ons hoe om nie in ons verhoudings op
te tree nie.

Verse 5-11 vermaan ons: "Daarom moet julle die aardse dinge
doodmaak wat nog deel van julle lewe is." Dit is dinge wat ver-
houdings en mense kan beskadig.

Ons word vermaan om die volgende 'dood te maak':
- Verkeerde seksuele aktiwiteite: Egbreuk, masturbasie,
  pornografiese stimulasie, ontug of enige seksuele
  verhouding met 'n vrou buite die huwelik wat skande,
  vernedering, skuldgevoel of verwerping in haar lewe sal
  veroorsaak. 'n Man van Eer is die 'ridder op die wit perd',
  dié een wat sy vrou sal beskerm en haar met eer en waarde
  sal bekroon.
- Woedende woordewisseling: soos ek voorheen genoem het,
  woorde wat 'n ander persoon se waardigheid en waarde
  afkraak en oneer aandoen.
- Gesindhede van jaloesie en afguns.
- Selfsugtige begeertes.
- Kwaadpraat: ontledig jou hart van bitterheid en geniep-
  sigheid teenoor ander.
- Vuil taal: growwe humor, en veral godslastering deur die
  naam van Christus ydelik te gebruik.

Dit word nou as volg vervang:
Verse 12-15 bemoedig ons om 'n leefstyl aan te neem en met
ywer te beoefen wat regte verhoudings sal bevorder en wat
ander sal eer en seën.

Beklee julle met 'n kleed van eer wat die volgende weerspieël:
- Teerheid: betoon sagmoedigheid en medelye.
- Goedheid: wees gewillig om ander te help en op 'n prak-
tiese wyse te dien.
- Nederigheid: nie ongeskik, arrogant en verwaand nie.
- Sagmoedigheid: jou krag onder God se volmaakte beheer.
- Verdraagsaamheid: nie maklik aanstoot neem nie, geduld
betoon en 'n begrip van ander se stryd en swakhede hê.
Jesus se laaste woorde was: "Vader vergewe hulle want
hulle weet nie wat hulle doen nie" (Lukas 23:34).
- Vergifnis: om te vergewe soos Jesus ons vergewe het.
- Liefde: onvoorwaardelike, opofferende liefde wat
julle saambind.
- Vrede: laat die vrede van God julle harte en denke bewaar.
- Dankbaarheid in alle omstandighede. Wees vol lof en be-
moediging teenoor mekaar in plaas daarvan om gedurig te
kritiseer en fout te vind.

Kolossense 4:6 "Wat julle sê, moet altyd vriendelik wees en van
goeie smaak getuig; en julle moet weet hoe julle elkeen behoort
te antwoord".

Efesiërs 4:32 "Wees goedgesind en hartlik teenoor mekaar, en
vergewe mekaar soos Christus ons vergewe het."

Bou 'Brûe van Liefde'
Manne van Eer wat in 'n "*Plek van Eer*" lewe, moet daarna
streef om "*Brûe van Liefde*" met diegene in hul midde te bou.

Dit is so maklik om toe te laat dat die stres van die lewe en emo-
sionele spanning die wyse affekteer hoe ons met mense omgaan.
Ons moet doelbewus brûe van liefde bou met dié waarmee ons
'n verbintenis het. Dit sal harmonie, vrede en seën tot gevolg hê.
Dit geld vir al ons verhoudings: ons huwelik, kinders, besigheid,
ens.

Oortref mekaar in die betoning van liefde

Romeine 12:10 "Betoon hartlike liefde teenoor mekaar; **bewys eerbied teenoor** mekaar en wees mekaar daarin 'n voorbeeld".

Ek dink dit is die enigste keer dat ons aangemoedig word om in 'n sekere sin met mekaar te kompeteer, en dit sal verseker dat ons 'n lewenswyse aanleer om brûe van liefde te bou.

Soek daagliks maniere om eer en waardigheid met ander te deel:
1. Wandel met waardigheid in jou gesindhede.
2. Reageer in die 'teenoorgestelde gees'.
3. Kommunikeer met jou verstand en emosies.
- Betoon opregte en ywerige belangstelling in diegene met wie jy gesprek voer.
- Moenie spesiale geleenthede onderbreek deur *telefoon-oproepe* te neem nie. Een van die mees irriterende dinge wat ons deesdae geneig is om te doen, is om selfoonoproepe tydens 'n vergadering, maaltye of fokustyd met 'n ander persoon te neem.
- Om selfs om verskoning te vra dat ons 'hierdie oproep moet neem', is minagtend. Die boodskap wat ons dan oordra is "hierdie oproep is meer belangrik as jy!"
- Moenie by die persoon met wie jy 'n gesprek voer, verbykyk om te sien of daar 'n meer belangrike persoon is met wie jy kan gesels nie.
4. As iemand seer of gekrenk voel, maak ekstra tyd, neem vir hulle 'n ete, bied praktiese hulp met die kinders aan.
5. Vergewe ander voortdurend. Ons plaas soms onrealistiese verwagtinge op ander en word teleurgestel, neem aanstoot en veroordeel hulle. Om ander te oordeel veroorsaak altyd bitterheid en gekrenktheid in verhoudings, en lei tot verwy-dering. Kies om 'n lewenswyse van vergifnis te kweek. Ek sien dit graag as 'n stroom van barmhartigheid wat voortdu-rend deur ons na ander vloei. Barmhartigheid sal jou lewe transformeer asook elke verhoudingsituasie waarmee jy te kampe het en bring daarmee saam harmonie, vrede en

vreugde. My vrou Lindah en ek het 'n boek geskryf getiteld *"Living in God's River of Mercy"* (1). Dit handel spesifiek oor die onderwerp van oordeel en vergifnis. Ek raai jou aan om dit te lees.

Die transformasie van 'n nasie

In Suid-Afrika het ons die transformasie van apartheid tot demokrasie op 'n kragtige wyse ervaar. Nelson Mandela is vrygelaat uit die gevangenis nadat hy vir 27 jaar lank onregmatig opgesluit was. Die meeste mense het verwag dat daar vergelding en bloedvergieting sou volg toe die ANC die regering van die land oorgeneem het. Mandela het egter verkies om te vergewe en om 'n "Brug van Liefde" vir ons nasie te bou as oorgang tot 'n nuwe toekoms. Hy het verrys as 'n Man van Eer. Hy het al die bitterheid wat kon lei tot haat en vergelding, neergelê. Hy het die nasie gelei op die pad van vergifnis, oor die brug van liefde na vryheid.

Regte verhoudings in besigheid

Die grootste bate van enige besigheid is sy mense. Ten alle tye van die ontwikkeling van ons besigheid sal daar mense wees met wie ons op verskillende vlakke sal omgaan. Daar is diegene oor wie ons verantwoordelik is, ander met wie ons op gelyke vlak omgaan en hulle teenoor wie ons verantwoording moet doen. Leiers sal altyd die uitdaging in die gesig staar om mense te beweeg om mense te motiveer om persoonlike en maatskappye se doelwitte te behaal. Die bereiking van doelwitte sal ook tot gevolg hê dat prestasies van tyd tot tyd geëvalueer word. Dit het tot gevolg dat ons 'n keuse het om te eer, afsydig te staan of om voortdurend op swakhede te fokus. Mag ek voorstel dat jy as 'n Man van Eer die volgende handhaaf:

- Balanseer komplimente en korreksie op 'n verhouding van 10:1. Dit is makliker om te konsentreer op 'n persoon se swakhede en foute as om erkenning te gee aan hul sterk punte en hul positiewe bydraes. Deur hulle en hul pogings te erken en te eer, bou jy vir jou 'n platform om korreksies te bring wat op 'n positiewe wyse ontvang en uitgevoer sal word.

- Bevestig altyd privaat en in die openbaar hul waardigheid en waarde as 'n persoon en as lid van die span. Dit beteken dat jy nooit met hulle op'n verkleinerende of neerhalende wyse in gesprek tree nie. Wanneer ons iemand kritiseer of op hom of haar, veral voor ander skree, verkleineer ons hulle.
- Moet nooit ander vanuit jou posisie van gesag manipuleer om jou eie doelwitte te bereik nie. Dit wek by hulle 'n gevoel dat jy hulle gebruik en misbruik en hulle sal jou verwyt.
- Betoon deernis en empatie met hulle en hul omstandighede. Persone wat voel dat hulle maar net 'gebruik' word in 'n maatskappy, sal nooit hul volle potensiaal bereik nie. Wanneer hulle weet dat jy omgee, sal hulle ook omgee en hul beste gee.
- Eer en bemoedig hulle vir wie hulle is en nie net vir hul werkverrigting of prestasie nie.
- Eer jou werknemers se gesinstyd. Om spertye te haal en projekte af te handel, is in werklikheid besigheid en dit verg soms ekstra ure op kantoor of om werk huistoe te neem. Dit moet egter die uitsondering wees en nie 'n 'lewenswyse' nie. Na vyftien jaar van huweliks en gesinsberading het ons gevind dat die produktiwiteit van werknemers, het sy op bestuursvlak of 'n gewone werker, merkbaar afneem tydens huweliks en gesinskrisisse. 'n Maatskappy wat omgee vir sy werkers en hul gesinne, sal voorspoedig wees.

Die beloning van eer

Psalm 25:12-14 "As iemand die Here dien, leer Hy hom watter pad hy moet kies, sodat hy voorspoed sal geniet en sy nageslag die land sal bly bewoon. Die Here neem die wat Hom dien, in sy vertroue en maak sy verbond aan hulle bekend."

Om 'die Here te dien' is dieselfde as om die Here te eer. Wanneer ons die Here dien, vrees en aanbid, eer ons Hom.

Psalm 112:1-3 "Dit gaan goed met elkeen wat die Here dien, wat al sy vreugde vind in die gebooie van die Here. Sy nageslag is 'n sterk krag in die land, die geslag van die opregte word geseën: daar is oorvloed en rykdom in sy huis. Wat hy doen, is reg en blywend."

Die verbondsbeloftes van God, wat seën en oorvloed insluit vir jou gesin, is die erfenis van hulle wat God in alle fasette van hul lewe eer.

Geen eer, geen mag

Toe Jesus na sy tuisland teruggekeer het, was Hy welbekend by die mense en het hulle Hom gespot oor die wonderwerke wat Hy gedoen het. "Hy's maar 'n timmerman", het hulle gespot. Toe vertel Jesus dat 'n profeet oral geëer word behalwe in sy tuisdorp. As gevolg van hul minagting kon selfs Jesus geen wonderwerke daar verrig nie.

Markus 6:1-5 "Jesus het daarvandaan weggegaan. Hy het op die dorp gekom waar Hy grootgeword het, en sy dissipels was saam met hom. En toe Sabbatdag aanbreek, het Hy die mense in die sinagoge begin leer. Baie het na Hom geluister en is deur sy woorde aangegryp. Hulle het vir mekaar gesê: 'Waar kom Hy aan al hierdie dinge, en watter besondere gawe van wysheid het Hy dat daar sulke kragtige dade deur sy hande plaasvind? Is hy dan nie 'n timmerman, 'n seun van Maria en die broer van Jakobus, Josef, Judas en Simon nie? En is dit dan nie sy susters wat hier by ons woon nie? Die mense wou niks van Hom weet nie, Jesus sê toe vir hulle "'n profeet word oral erken behalwe in die plek waar hy groot geword het, en in sy gesinkring en sy gesin."

Hy kon daar geen enkele wonderwerk doen nie, behalwe dat Hy sy hande op 'n paar siekes gelê en hulle gesond gemaak het."

Wanneer ons mense nie eer nie, of dit ons vrou, ons kinders, werknemers, leiers of medewerkers is, dan ontneem ons hulle hul volle potensiaal en verloor ons ons beloning in die proses.

Ek besef na 'n hoofstuk soos dié een, kan ons voel dat ons gefaal het en kan ons kom tot selfveroordeling. Die Woord bring oortuiging deur die Heilige Gees, nie veroordeling nie, sodat ons God kan vra vir die krag van Sy genade om ons te help om te verander. Ons moet ons bekeer, ons verkeerde dinge en tekortkominge met opregtheid bely en daadwerklik besluit om 'n ommekeer te maak en weg te stap van ons ou weë en te verander.

Ek vertrou dat jy baie opgewonde is dat jy 'n 'ereplek' aan die regterhand van God in Christus het en dat jy gereed is om 'brûe van liefde' te bou. Dit is tyd om as 'n Man van Eer 'waardig te wandel' en om jou hoogtes uit te klim en die 'Vlag van Geregtigheid' te plant en die oorwinning vir jou gesin op te eis, jou regiment in God se leermag en vir elke Man van Eer wat aan jou linkerhand en regterhand veg.

1. Robinson, Drummond and Lindah. Living in God's River of Mercy. Port Elizabeth. 2009.

Dis tyd om die vlag te hys

Persoonlike oordenking

1. Mediteer oor *Efesiërs 4:17-32* en *Kolossense 3:5-11*.

2. Maak 'n lys van die negatiewe en verwoestende emosies en gewoontes wat dikwels deel van jou lewe uitmaak. Dis belangrik dat jy werk maak daarvan want elke negatiewe emosie het 'n leuenagtige geloofsisteem as basis en daaruit vloei jou reaksies en optredes, met die gevolg van verwoestende lewensgewoontes.

3. Vra nou vir God om jou te vergewe terwyl jy die stukkie papier opskeur en tegelykertyd verklaar dat hulle nie langer jou lewe sal heers nie. Vra die Here om deur sy Heilige Gees vir jou die krag te gee sodat jy daardie tekortkominge sal oorwin. Indien moontlik, bid saam met 'n geestelikvolwasse leier.

4. Waar en met wie het jy nodig om brûe van liefde bou?

5. Skryf die dinge uit Efesiërs 4:2-6 en uit Kolossense 3:12-15 neer wat jy sal gebruik om jou te help om in die 'teenoorgestelde gees' te wandel en sodoende die beginsel van vervanging toe te pas.

Groepbespreking

1. Bespreek die punte onder regte verhoudings in besigheid.

2. Bespreek hoe mense magteloos gelaat word omdat hulle nie in gesinne, gemeentes en besigheid geëer word nie, en hoe verloor ons daardeur ons beloning.

3. Lees en bespreek die volgende: Romeine 2:7-8,10 "Aan die wat in goeddoen volhard en op die manier soek na wat verhewe, eervol en onsterflik is, gee Hy die ewige lewe; maar die wat uit selfsug ongehoorsaam is aan die waarheid en toegee aan die ongeregtigheid, straf Hy in sy toorn. Wat verhewe en eervol is, en vrede skenk Hy aan elkeen wat goed doen."

Beweeg van skande tot Eer

Soms is daar allerlei hindernisse wat 'n persoon kan terughou en verhinder dat jy nie as 'n Man van Eer kan lewe nie en wat gevoelens van vrees opwek dat jy nie daartoe in staat sal kan wees om volgens die uitdagings en verantwoordelikhede wat vereis word te lewe nie. Daarmee saam, ook dinge uit jou verlede, en ontoereikendhede, wat nog nie ten volle opgelos is nie.

Dinge uit jou verlede kan lei tot gebondenheid en vernedering. Dit lei weer tot 'n gevoel van verwerping, waardeloosheid, onwaardigheid en gebrek aan integriteit wat weer aanleiding gee tot verwarring, onsekerheid en skuldgevoel. Dit kan die resultaat wees van ons opvoeding waar ons voortdurend gekritiseer, bespot, vermy of verbaal- of fisies misbruik was. Vernedering kan beslis die fondament wees vir mislukking en dit verhinder ons om ons bestemming en lewensdoel in God te bereik. In hierdie hoofstuk gaan ek hierdie sake aanspreek en ek vertrou dat jy genesing, vrymaking en bemagtiging in jou lewe sal vind.

Omskep tot 'n ander man

In *1 Samuel hoofstuk 9* sien ons dat God vir Saul as koning oor Israel gekies het nadat die mense gevra het vir 'n koning om oor hulle te heers. Samuel vertel vir Saul dat hy as koning aangestel gaan word. Saul se reaksie in vers 21 is dat hy 'n Benjamiet is, die minste van die stamme van Israel en dat sy gesin die armste of swakste gesin van al die gesinne in daardie stam is. Ons sien dat Saul 'n gevoel van skaamte en onsekerheid in sy lewe openbaar het. Samuel het hom desnieteenstaande weggestuur met 'n profetiese woord van wat aanstons op sy reis gaan gebeur. Saul

gaan 'n groep profete teëkom en dan sal die volgende gebeur:
1 Samuel 10:6 en 9 "Dan sal die Gees van die Here kragtig in jou werk. Jy sal saam met hulle as profeet optree en 'n ander mens word. Net toe Saul omdraai om van Samuel af weg te gaan, het God Saul *se gesindheid verander*." (eie beklemtoning)

God kan ons slegs gebruik wanneer ons onsself geheel-en-al aan Hom oorgee sodat ons bekragtig kan word deur die Heilige Gees en ons sodoende in 'n nuwe mens, met 'n nuwe hart verander word. Ons het nodig om weg te draai van dit wat ons gevange gehou het en dit agter te laat. Ons het nodig om bevry te raak van skaamte en vrees sodat ons die mantel van gesag en salwing van God kan opneem en die 'berge' voor ons kan oorwin.

Die Gees van die Here het 'besit geneem'

Die verhaal van Gideon is 'n kragtige getuienis van hoe ons bevry kan word om ons roeping te vervul. Ons lees hiervan in Rigters 6. Die Israeliete het bose dinge in die oë van die Here gedoen. Hulle het gerebelleer teen die weë van God, toe het Hy hulle oorgegee in die hand van hul vyand, die Midianiete. Hulle sou die opbrengs van die land verwoes en geen voedsel op die land laat nie, nie eens skape of beeste nie. *Hulle het die land telkemale verwoes wanneer hulle met hul bendes teen Israel opgeruk het.*

Armoede, onvrugbaarheid, verwarring, hulpeloosheid, pyn en verwoesting is die gevolg van 'n hart wat geen berou toon nie. Hulle het teen God gerebelleer met die gevolg dat Hy sy beskerming onttrek het en hulle aan hul vyande oorgegee het. *Ons moet nie altyd die skuld op die duiwel pak nie, maar besef dat ons met die keuses wat ons maak self die deure oop- of toemaak vir hierdie verwoesting. Psalm 32:3* "Toe ek oor my sonde geswyg het, het my liggaam uitgeteer soos ek heeldag om hulp geroep het."

God het die geroep van Israel gehoor en sy hart is om ons selfs nou te vernuwe. Terwyl Gideon die koring uitslaan in die parskuip om dit vir die Midianiete weg te steek, verskyn die Engel van die Here aan hom: *Rigters 6:12-16* "Die Engel van die Here het aan hom verskyn en vir hom gesê: 'Die Here is by jou dapper man!' Maar Gideon het vir die Engel gesê 'Ekskuus, Meneer, maar as die Here by ons is, waarom kom al hierdie dinge oor ons? Waar is al sy magtige dade waarvan ons voorvaders ons vertel het toe hulle gesê het: 'Het die Here ons nie uit Egipte bevry nie?' Nou het die Here ons in die steek gelaat: Hy het ons oorgegee in die mag van die Midianiete! Toe het die Here na Gideon toe gedraai en vir hom gesê: 'Gaan met die mag wat jy het en gaan red die Israeliete uit die mag van die Midianiete! Toe, Ek stuur jou!' Maar Gideon se vir Hom: 'Ekskuus, Meneer, waarmee sal ek die Israeliete red? Die familie waaraan ek behoort, is die armste in die hele Manasse, en van my pa se kinders, het ek die minste aansien.' Die Here het hom geantwoord: 'Ek is by jou, en jy sal die Midianiete verslaan asof hulle nie meer as een is nie.'"

Gideon en die Israeliete is verslaan as gevolg van:

Skande

Die mense van Israel het in sonde gelewe, gevolglik het God sy beskerming onttrek en sodoende toegelaat dat hulle deur hul vyande regeer word. Hierdie verwerping het veroorsaak dat hulle deur vernedering oorkom word. Wanneer die heerlikheid en eer van God van ons verwyder word, sal ons deur ons vyande oorheers word en in skande lewe.

Hulle het hul waardigheid, eer, en krag verloor. Die Midianiete het oor hulle geheers. Maar erger nog, die innerlike vyande van hul harte het hulle beheer. Vyande soos hul vernedering, bitterheid, ergernis, oordeel, onvergifnis, moedeloosheid en vrees het 'n vesting en 'n struikelblok in hul lewens geword.

Gideon se reaksie op wat die Engel aangekondig het, was om te kla en het God in werklikheid bestraf, "As die Here by ons is, waarom kom al hierdie dinge oor ons? Waar is al sy magtige dade waarvan ons voorvaders ons vertel het..."

Hoe dikwels doen ons dit nie? Wanneer dinge in ons lewens verkeerd gaan, bevraagteken ons God se liefde en integriteit. "Hoe kan God toelaat dat dit gebeur? Waar was Hy?" Wanneer ons God 'bestraf', maak ons die deur oop vir die vyand om binne te dring en verwoesting in ons lewens te saai. Ons leef as gevolg van die mens se opstand in 'n vervalle wêreld vol sonde, dood en verwoesting. Maar, Jesus bied aan ons die antwoord: In Hom is lewe, lewe in oorvloed, en bevryding van die mag en die vloek van sonde.

Dink aan die verhaal van die Skotse regiment wat afgelas is. Hulle het aanskou hoe hul vlag vir die laaste keer laat sak is, en hulle is in hul binneste deur 'n "wond van skande" oorkom. Dikwels is ons nie eers bewus daarvan dat ons hierdie wond van skande toegedien is nie, maar dit is daar en dit broei en dit groei namate die jare verbygaan. Ons word soms bewus van sommige van die effekte in ons lewens soos byvoorbeeld: verwerping, verwarring, geïrriteerdheid, woede, bitterheid en depressie. Om die wortel van skande wat binne in ons is, te identifiseer, mag ons in staat stel om met sommige van die vrugte te deel.

Sommige vyande waarvan ons werk moet maak:

1. Wonde uit die verlede

Net soos Gideon, dra ons ook wonde van die verlede. Dan blameer ons ons ouers, vroue, sakevennote en soms ook die Here, vir ons pyn. Dit veroorsaak dat 'n wortel van bitterheid en verwyt in ons lewens posvat en dit vernietig ons verder.

Hebreërs 12:15 "Sorg dat niemand van die genade van God afvallig word nie. Sorg dat daar nie verbittering soos 'n wortel uitspruit, moeilikheid veroorsaak en baie besmet nie."

2. Aanstoot / onvergifnis

Om ander persone vir ons verknorsing te blameer, sal ons ander wat ons skade berokken het, beseer, affronteer en hulle ook gevange hou. Om barmhartigheid vry te stel en toe te laat dat die vergifnis wat Jesus ons bewys het, deur ons na daardie persone vloei, sal ons ons bevooroordeeldheid oorwin en vrygestel word.

3. Moedeloosheid

Jy kan die moedeloosheid in hul stemme hoor. Hulle het geen hoop nie, geen rede om te lewe nie en ervaar 'n gevoel dat God hulle verlaat het. Gideon het die leuen geglo dat hy die minste, die swakste, nutteloos en onbemin was. Mense onderskat hulself dikwels en glo dan soos Gideon, dat hulle die swakste en die minste is. Dit lei tot moedeloosheid en selfs depressie.

4. Spyt oor gebeure in die verlede

Om te lewe met spyt oor gebeure uit die verlede, sal voorkom dat jy ten volle in die hede leef en sal jou daarvan beroof om met vertroue en hoop die toekoms tegemoet te gaan.

5. Vrees

Hulle het in grotte geskuil. Gideon was besig om koring in die parskuip uit te slaan! Vrees sal jou verlam, sodat jy nie daartoe in staat is om te konfronteer nie of om struikelblokke te oorkom nie. Vrees is ook 'n sonde omdat dit ons daarvan weerhou om ons vertroue in God se liefde en sy vermoë om ons te bevry te stel. God het mans geskape om 'kampioene' en 'dapper mans' te wees. Daarom word Gideon as 'n dapper man deur die Engel aangespreek. Hoe gegrief word God se hart nie wanneer ons as mans van ons opdrag en goddelike roeping, as gevolg van vrees afsien nie. Net soos in *Braveheart,* moet ons vrees opsy skuif, dit bely en bekeer daarvan en ons ten doel stel om te lewe en te sterwe vir God se roeping op ons as mans.

Jou krag ontneem

Die ware vyande van Israel was opstandigheid teenoor God, dit het gelei tot vernedering, oordeel, aanstoot/onvergifnis, moedeloosheid, verwyt en vrees. Natuurlik was dit die Midianiete wat hulle aangeval en hul oeste en landerye verwoes het, maar eintlik is hulle verslaan en vasgevang deur die innerlike vyande aan wie hulle toegegee het. Dit het hulle van hul krag ontneem.

Romeine 6:16-17 "Julle weet tog: as julle julle aan iemand onderwerp om hom as slawe te gehoorsaam, is julle die slawe van dié een aan wie julle gehoorsaam is. As dit die sonde is, beteken dit vir julle die dood; as dit gehoorsaamheid aan God is, beteken dit vryspraak en lewe. Maar ons dank God dat julle wat slawe van die sonde was, van harte gehoorsaam geword het aan die leer soos julle dit deur die oorlewering ontvang het."

Paulus verklaar dat ons 'slawe' is van dit wat ons kies om te gehoorsaam. Gideon was 'n slaaf van die dinge wat hier bo genoem word, hy is beheer deur hulle. Dit is logies, hulle kon nooit opstaan en die uiterlike vyande oorwin nie as hulle nie eers die innerlike vyande kon oorwin nie!

Miskien is jy ook besig om te worstel met dinge soos een of ander skande, ontmoediging, vrees, verwerping, terwyl jy ander intussen blameer. Daar mag ander ware vyande wees soos seksuele wellus, verslawing aan alkohol, onsekerhede, depressie, woede of gebrek aan dissipline in jou lewe. Hierdie is nie net sonde nie ... *hulle ontneem jou jou krag!* Hulle neutraliseer jou kragte om uit te styg bo jou vyande wat jou voortdurend aftrek en jou van jou seëninge beroof.

Vasberadenheid om bevry te word

Ons moet vasberade wees om bevry te word. Dit herinner my aan my skoonpa, Wally Morgan, 'n wonderlike man, vol van mannemoed en geloof. Hy was 'n vlieënier in die tweede wêreldoorlog. Op twintigjarige ouderdom is hy neergeskiet oor die Mediterreense see en was agt dae lank saam met ander lede van die bemanning op 'n vlot. Hy het 'n visie gehad, soos Gideon, waarin die Here hom die versekering gegee het dat hulle na agt dae deur 'n skip van die vyand, gered sou word. Dit het die mans hoop gegee om te oorleef. Hulle is toe opgepik en na die Duitse konsentrasiekamp, bekend as 'Stalag Luft 111', geneem. As 'n oorlogsprisonier het hy en sy kamerade besluit om al sou hulle die gevaar van 'n swaar straf of selfs die doodstraf loop, 'n ontsnappingstonnel te grawe. Hulle het die tonnel gegrawe met messe, lepels en selfs met hul kaal hande. Dit het groot uitdagings ingehou – soos byvoorbeeld: hoe om van die sand ontslae te raak, slapelose nagte, die gebrek aan suurstof in die tonnel en die moontlike gevaar dat die tonnel op hulle sal toeval. *Hulle was nietemin van harte vasbeslote om uit die gevangenis te ontsnap, kom wat wou.*

Dit is 'n jammerlike feit dat mense vandag nog goedsmoeds as gevangenes voortleef, vasgevang deur dieselfde dinge wat hulle verslaaf. Ons moet 'n allesoorheersende geloof, moed en vasberadenheid aan die dag lê om bevry te word, wat ookal die koste.

Kom ons kyk wat Gideon gedoen het.

Rigters 6:17-21 "Gideon het vir Hom gesê, 'As U so vriendelik wil wees, doen tog vir my 'n wonder dat ek seker kan wees dit is U, Here, wat met my praat. Moenie hiervandaan af padgee nie dat ek tog net gou 'n offer voor U kan kom neersit.' Toe sê die Here: 'Ek sal wag tot jy terug is' Gideon het toe 'n bokkie gaan gaar maak, en van sestien kilogram meel het hy 'n brood sonder suurdeeg gebak. Hy het die vleis in 'n mandjie gepak en die sous in 'n pan gegooi en vir die Engel van die Here gebring onder die groot boom. Toe Gideon dit nader bring, sê die Engel van God vir Gideon: 'Vat die vleis en die brood sonder suurdeeg en sit dit op hierdie rots en gooi die sous daaroor.' Hy het so gemaak en toe raak die Engel van die Here met die punt van sy stok in sy hand aan die vleis en die brood. 'n Vuur het uit die rots uit opgevlam en die vleis en brood verteer. Daarna is Hy van Gideon af weg."

Gideon het gegaan en 'n spesiale offer voorberei. Hy het te midde van moeilike tye die beste voedsel in sy huis gebring, as 'n teken van sy erns om voor God sy berou te betoon. Die voedsel word op 'n rots ('n altaar) geplaas en word deur vuur verteer met die aanraking van die Engel se hand. *'n Offer is om ons beste te neem en dit aan Here te gee en terselfdertyd ons harte aan Hom in algehele oorgawe te gee.*

Rigters 6:22-24 "Gideon het besef dat dit die Engel van die Here was, en hy het uitgeroep: 'Ag, Here my God, ek het die Engel van die Here van aangesig tot aangesig gesien!' Toe sê die Here vir Gideon: 'Wees gerus! Moenie bang wees nie! Jy sal nie sterf nie!' Gideon het net daar 'n altaar vir die Here gebou en dit genoem: 'Die Here gee rus!' Die altaar staan vandag nog in Ofra van die Abiesriete."

Dit is verbasend dat sodra Gideon se offer verteer was, hy besef het dat hy 'n ontmoeting met die Engel van die Here gehad het en is hy weereens bewus gemaak van die majesteit en die krag van God. Ek is seker dat hy op daardie oomblik besef het dat die skande van hom verwyder is en dat God hom in ere herstel het.

Gideon vind vrede

God sê vir hom, "Wees gerus! Moenie bang wees nie! Jy sal nie sterf nie!" Gideon ontvang die "vrede van God", en dit lei tot 'n nuwe rustigheid in sy verhouding met die Here. Hy word ook daarvan verseker dat God vir hom sal veg en hom sal bevry.

Mans met onberouvolle harte en wie egosentries in opstand teen God lewe, sal nie die ware onwankelbare vrede en eer van God ervaar nie.

Groot prestasies, rykdom, roem, talle vroue en mag, sal nooit 'n man se hunkering na vrede vervul nie. Waarom nie? Omdat vrede nie die afwesigheid van probleme of stres beteken nie. Die feit is dat vrede *"om met God versoen en een te wees"* beteken. Wanneer ons in 'n posisie van *eer* is, aan die regterhand van God, dan is ons in volkome eenheid en harmonie met God en Sy doel vir ons. Dan leef ons in harmonie met onsself en met diegene om ons. Dit is die ware status van 'shalom', wat beteken: sekuriteit, volkomenheid, vergenoegdheid, voorspoed, vrede en vriendskap.

Dit is tyd om berou te toon en altare af te breek

God beveel Gideon om die altare van Baal, vreemde gode, af te breek en om 'n altaar vir die Here op te rig om 'n bul daarop te offer.

Rigters 6:25-26 "Daardie nag het die Here vir Gideon gesê: 'Vat 'n groot bul, die sewe jaar oud bul van jou pa, sy tweede bul, breek jou pa se altaar af en kap die gewyde paal daar langsaan af. Bou dan 'n netjiese altaar vir die Here jou God bo-op daardie versterkte plek en vat die bul en offer dit as 'n brandoffer. Jy moet die hout gebruik van die gewyde paal wat jy afgekap het."

'n Wond wat nie erken word nie en waaroor daar nie met trane berou getoon is nie, sal nooit genees nie. Daardie wond sal jou in skande gevange hou en sal jou daarvan weerhou om jou bestemming te bereik en jou berg uit te klim.

Ons moet die altare van vreemde gode waaraan ons gebind is, afbreek en nuwe altare vir die Here bou. Jy doen dit as volg:
1. Bely teenoor die Here dat dit sonde is.
2. Vra berouvol om vergifnis dat jy toegelaat het dat dit jou gevange gehou het.
3. Neem Christus as Verlosser en as Here van jou hele lewe aan, in kinderlike en gelowige gebed. Gee jouself ten volle aan Hom oor en dien Hom dan as 'n man van eer.
4. Laat Jesus toe om die 'mantel van skande' van jou skouers af te lig en jou te beklee met Sy 'kleed van eer'.
5. Noem by name en lê elke binding aan die voete van die kruis neer: vernedering, aanstootlikheid, ontmoediging, vrees, teleurstelling, skuldgevoel, verslawings. Vra dat die Here jou van alles deur Sy bloed sal reinig. En verklaar dan met dankbaarheid en geloof: "Dit is volbring!"

Ons kan met vrymoedigheid ons vertroue in Sy genadige liefde en barmhartigheid stel om ons juis op die punt van elke swakheid en behoefte te ontmoet, en om ons van die pyn en negatiewe herinneringe te bevry.

Die Gees neem besit
Rigters 6:33-34 "In daardie tyd het die hele Midian en Amalek saam met ander mense uit die Ooste bymekaargekom en deur die Jordaanrivier getrek. Hulle het in die Jisreëlvlakte kamp opgeslaan. Die Gees van die Here het vir Gideon in besit geneem, en hy het die ramshoring geblaas en die Abiesriete opgeroep om hom te volg."

Die Midianiete en die Amalekiete en die mense van die Ooste het almal saamgekom om Israel aan te val en het kamp opgeslaan in die vallei van Jisreël. In plaas van vrees, kom die Gees van die God op Gideon en hy blaas die ramshoring...om God se mense op te roep tot oorlog. Uiteindelik oorwin hy die vyand geheel-en-al met slegs driehonderd manskap. Hy het sy hoogtes bestyg, die vlag gehys en Israel weer in ere herstel. Hy het die ereplek van God se teenwoordigheid en gesag in hul lewens weereens bevestig.

Dieselfde Gees wat Jesus Christus uit die dood uit opgewek het, woon in jou. God wil jou verander in 'n *"ander man"*, jou 'n '*nuwe hart* ' gee sodat jy kan opstaan en jou bestemming doelgerig kan aandurf. Dit is nou tyd vir jou om berouvol te bely, jouself deur Christus aan God oor te gee en 'n 'Man van Eer' te word. Neem die ramshoring op, klim jou 'berg', hys die vlag en neem besit van die morele hoogtes in jou lewe en jou gesin.

Dit is erger om in neerlaag voort te lewe as om in die slagveld te sterwe! William Wallace het verklaar: "Alle mans sal sterwe, min leef ten volle." Om aan onsself te sterwe, leef ons in werklikheid. Wanneer ons in God sterwe, sterf ons nie in werklikheid nie, maar beleef ons 'n lewe wat ewig, oorwinnend, oorvloedig en vreugdevol is.

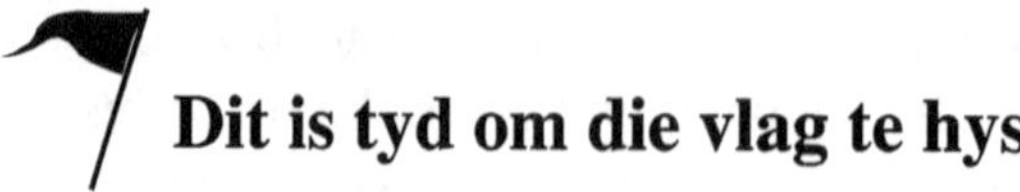

Dit is tyd om die vlag te hys

Persoonlike oordenking

1. Met watter vyande van Gideon kan jy identifiseer?

2. Berei 'n altaar voor in jou hart waarop jy hierdie vyande kan plaas terwyl jy jou lewe opnuut weer aan God wei. Laat die Gees van God toe om jou te bevry van hierdie vestings en om jou hart te vernuwe.

Groepbespreking

1. Bespreek die vyande wat jy ervaar in
   - Jou gesin
   - Jou gemeente
   - Jou werkplek
   - Jou nasie

2. Bid die woorde van die vorige bladsy, bid vir mekaar in hierdie areas totdat julle die vrede en sekerheid van die Here ervaar.

3. Bespreek: Dit is erger om in mislukking voort te lewe as om op die slagveld te sterf.

Eggenoot van Eer

Om suksesvol te wees as man moet jy suksesvol wees in die dinge wat na aan God se hart is en wat fundamenteel is vir alle mense se lewens; dit is jou rol as man in jou huwelik en as vader in jou huis. Deesdae word dit beklemtoon dat om suksesvol as 'n man te wees, jy tot 'n sekere posisie in jou werk bevorder moet word. Jy moet rykdom opgaar. Jy moet 'n sekere motor ry. Jy moet in 'n sekere voorstad woon. Dit, en meer, word as maatstaf vir sukses beskou. God is nie daarteen gekant nie, maar Hy is sekerlik daarteen gekant dat jy so behep daarmee raak dat dit jou verhouding met Hom, met jou vrou en huisgesin negatief affekteer.

Moontlik het jy al die kwinkslag gehoor dat jy nie net voordat jy sterf gaan sê: "Ek is so spyt dat ek nie meer tyd in die kantoor deurgebring het nie!" Die meeste van ons sal spyt wees dat ons nie meer kwaliteittyd met ons vrou en gesin spandeer het nie. Hierdie is waarlik 'n uitdagende en aandoenlike saak. Wanneer ons eendag voor Christus verskyn, gaan dit nie 'n saak wees van hoeveel rykdom jy vergader het nie, maar eerder 'n saak van hoe jy jou vrou en jou kinders liefgehad het en hoe jy vir hulle gesorg het.

Dit is in ons rol as man, meer as in enige ander area van ons lewens, dat ons rekenskap sal moet gee van hoe ons ons vroue geëer en liefgehad het. Soos ek in hoofstuk 4 genoem het, is liefde en eer op sigself inmekaar geweef. Jy kan nie bely dat jy iemand lief het sonder dat jy jou daaraan toewy om hulle in jou denke, woorde en dade te eer nie.

Ons rolmodel is Jesus Christus en Sy verhouding met Sy bruid, die Gemeenskap van Christen gelowiges. God se huweliksgeloftes aan ons vind ons in *Hosea 2:18-19* "Ek gaan jou My bruid maak vir altyd. Ek gaan jou aan My bind deur My weldade en My goeie sorg, deur My liefde en My ontferming. Ek gaan jou aan My bind deur My onbreekbare trou sodat jy aan My, die Here, toegewy sal wees."

Verbond

Met Jesus se dood en deur Sy bloed wat Hy gestort het, het God 'n ewige verbond met ons gesluit, soos in bogenoemde geloftes aan ons gegee is. 'n Verbond is 'n onherroeplike, onvoorwaardelike en lewenslange ooreenkoms. Om 'n verbond te sluit, moet albei partye simbolies aan hulself sterf, alles oorgee en 'een' word met mekaar. Wat myne is, is joune. Wat joune is, is myne. Dit is nie langer meer jy en ek nie maar "ONS". 'n Verbond is nie soos 'n gewone kontrak of ooreenkoms wat vernietig kan word nie. Die geloftes is bindend vir ewig, totdat die dood julle skei.

Hulle is *geloftes van eer* om ons te vestig in liefde, vertroue, reinheid, vergifnis, medelye en ewige intimiteit. Hoe wonderlik om 'n huwelik te beleef wat op hierdie soort verbond gebou is. Elke vrou sal geëer, gekoester, spesiaal, en veilig voel en sal absoluut blom in so 'n atmosfeer.

Met ons reise oor die wêreld heen, het ons gevind dat baie mans nooit 'n goddelike rolmodel in hul eie vaders gehad het nie. Mans is onderwerp aan misbruikte gesag, of hul vaders het hul rol as leiers opgegee, en ander vaders was net nooit teenwoordig vir hul gesinne nie. Baie seuns het nooit 'n rolmodel in hul vaders gesien of ervaar van hoe om 'n vrou lief te hê, te koester en te eer nie. Gevolglik het dit 'n groot uitdaging op mans geplaas. In sommige huwelike het die man 'n neiging om te wil beheer en domineer, of andersom, is teruggetrokke en onbetrokke. Hierdie gesindheid weerspieël nie Christus se hoofskap en hart van liefde nie.

God se hart vir mans

Efesiërs 5:21-29 gee ons as mans 'n wonderlike rolmodel naamlik om Christus se voorbeeld na te volg. Hy is ons volmaakte rolmodel wanneer dit kom by hoofskap, gesag en om 'n man van eer te wees in die gesin.

"Wees uit eerbied vir Christus aan mekaar onderdanig. Vrouens, wees aan julle mans onderdanig, net soos julle aan Here onderdanig is. Die man is die hoof van die vrou, soos *Christus die hoof van die kerk is.* Christus is ook die Verlosser van die liggaam, sy kerk. Soos die kerk aan Christus onderdanig is, moet die vrouens in alles aan hulle mans onderdanig wees. *Mans, julle moet julle vroue liefhê soos Christus die kerk liefgehad* en Sy lewe daarvoor afgelê het. Dit het Hy gedoen om die kerk aan God te wy, nadat Hy dit met water en die woord gereinig het, sodat Hy die kerk in volle heerlikheid by Hom kan neem, sonder vlek of rimpel of iets dergeliks, heilig en onberispelik. Die mans behoort hul vrouens so lief te hê soos hulle eie liggame. Wie sy vrou liefhet, het homself lief, want niemand het nog sy eie liggaam gehaat nie. Inteendeel, hy voed en versorg dit, soos Christus met sy gemeente doen omdat dit sy liggaam is, waarvan ons lede is. Daarom sal 'n man sy pa en ma verlaat en saam met sy vrou lewe, en hulle twee sal een wees. Hierin lê daar 'n diep geheimenis opgesluit, en ek pas dit toe op Christus en sy gemeente. Maar dit is ook op julle van toepassing. Elkeen moet sy vrou so lief hê soos hy homself lief het, en 'n vrou moet aan haar man eerbied betoon."

Dit is 'n ontsagwekkende verantwoordelikheid en seën, wat Jesus ons gegee het! Hy vermaan ons dat net soos Christus sy bruid, die gemeente, voed, koester en vir haar sorg, net so moet ons mans ons oog op Jesus vestig as ons rolmodel, en ons rol daarvolgens as mans van eer vervul.

Ek wil nou 'n paar verse uitlig om 'n duidelike beeld van ons rol te vorm.

1. *Vers 23* **"Die man is die hoof van die vrou, soos Christus die hoof van die gemeente is. Christus is ook die Verlosser van sy liggaam, die gemeente."**

Wat is die sleutelwoord in hierdie vers? Die meeste mans antwoord gewoonlik dat die sleutelwoord duidelik die woord "hoof" is. Maar ek glo die sleutelwoord is "soos". Wanneer jy die vers lees en die klem plaas op die woord "soos", dan neem die vers 'n grootse betekenis aan:*"Want die man is die hoof van die vrou* **SOOS** *Christus die hoof van die gemeente is. "Soos" beteken "op dieselfde manier."* Dus, op dieselfde manier as wat Christus sy hoofskap teenoor die gemeente betoon, moet ons mans ons hoofskap oor ons vroue betoon.

Hoe word Christus se hoofskap betoon? Watter woorde beskryf SY hoofskap oor die gemeente?

Dienskneg
Een van die sleutelwoorde wat Sy hoofskap beskryf, is dienskneg. In *Markus 10:45* verkondig Jesus, *"Die Seun van die mens het ook nie gekom om gedien te word nie, maar om te dien en sy lewe te gee as losprys vir baie mense."*

Filippense 2:5-8 "Dieselfde gesindheid moet in julle wees wat daar ook in Christus Jesus was: Hy wat in die gestalte van God was, het Sy bestaan op Godgelyke wyse nie beskou as iets waaraan Hy Hom moes vasklem nie, maar Hy het Homself verneder deur die gestalte van 'n slaaf aan te neem en aan mense gelyk te word. En toe Hy as mens verskyn het, het Hy Homself verder verneder. Hy was gehoorsaam tot die dood, ja, die dood aan die kruis."

Jesus het gekom om te dien en om ons te bemagtig om alles te word wat ons kan wees en om ons bestemming in God te vervul. Hy het ons opgehef om "op berge te staan" om Sy goedheid en getrouheid te verkondig. Net so moet ons mans ons vrouens dien sodat hulle ook opgehef en bekragtig kan word om hul bestemming in God te vervul. Waar hulle tekort kom, staan ons hulle by om alles te vervul, waar hulle swak is, bring ons sterkte, onderskraging en bevestiging.

Voorsiener

Voorsiener, is nog 'n woord wat Christus se hoofskap oor ons beskryf. Jesus is ons voorsiener en ons kyk daagliks na Hom op vir ons geestelike, emosionele en fisiese voeding. 'n Paar jaar gelede, terwyl ek met hierdie saak geworstel het, het ek besef dat God my Vader my eenvoudig geroep het om 'n *"kanaal"* te wees van sy seëninge en voorsiening vir my gesin. Hy is die 'bron' vir al ons behoeftes en Hy verlang daarna om vir ons vanuit Sy oneindige bronne te voorsien. Ek staan onder Sy gesag en Hy wil my gesin ryklik seën selfs meer as wat ek wil. *Ek moet volgens Sy beginsels lewe* en dan met die gesag wat Hy aan my toevertrou het, optree deur Sy seën oor my gesin uit te spreek.

Beskermer

Beskermer beskryf ook Christus se hoofskap. Hy is ons toevlug, rots en sterke toring. Net soos ons die Here vertrou, moet jou gesin jou kan vertrou om vir hulle 'n toevlug en skuiling te wees. Ons moet hulle geestelik beskerm deur die Woord van God aan hulle te leer en self daarvolgens te lewe en te streef om 'n geestelike gesin te bou. Ons beskerm hulle emosioneel deur ons getrouheid, konsekwensie, en stabiliteit. Jy beskerm hulle as die *sterk man* by die ingang van jou huis, om wag te hou en jou geliefdes te beskerm, sodat die vyand nie toegang kry met al sy bose planne nie. *Markus 3:27* "Bowendien kan niemand in 'n sterk man se huis ingaan en sy goed vat as hy nie eers vooraf die sterk man vasbind nie. Eers dan sal hy sy huis kan beroof."

Liefde en sagmoedigheid

Liefde en sagmoedigheid beskryf ook Christus se hoofskap. Sy hoofskap oor ons is nooit outoritêr of dominerend nie en dit is nooit oorheersend of selfsugtig nie. Dit dien altyd, hef op en betoon sagmoedigheid, teerheid, liefde en eer. Hierdie is ware krag. *Matteus 11:29-30* "Neem My juk op julle en leer van My, want Ek is sagmoedig en nederig van hart, en julle sal rus kry vir julle gemoed. My juk is sag en My las is lig."

Die Redder se rol

In die laaste deel van *Efesiërs 5:23* lees ons, "Christus is ook die Verlosser van Sy liggaam, die gemeente." Ons kan hieruit aflei dat net soos Christus ons Verlosser is, so is daar ook vir ons 'n rol te speel as verlosser van ons vroue. Natuurlik is daar slegs een Verlosser, naamlik Jesus Christus. Maar wat beteken dit om 'n verlosser te wees? Met ander woorde, hoe kan ons die rol vervul? Die essensie van die woord wat vertaal word as 'verlosser' in die Bybel is "gewer van lewe". Jesus het ons vanuit die dood na die lewe verlos – vanuit die duisternis na die lig, en daarby vir ons die belofte van hoop vir die toekoms en die ewige lewe gegee. Jesus is die Gewer van lewe. Daardie skrifgedeelte dui aan dat ons as mans, 'n rol as 'n *gewer van lewe* aan ons vroue te speel het.

Hoe kan ons dit op 'n praktiese en daaglikse basis doen? Wat gee lewe? Wanneer iemand langs jou kom staan en jou prakties bystaan terwyl jy met 'n sekere situasie worstel, bring dit hoop en lewe vir jou. So kan ons as mans ons vroue daagliks bystaan om hulle te bemoedig en hoop te gee deur ons woorde van bemoediging en praktiese bystand.

Een van die dinge wat tot ons besef gekom het, is dat daar nie meer veel eer bewys word nie. Die wêreldsisteem is as 't ware so ingestel om ons beskaamd te laat voel. Beskaamd omdat ons nie 'n motor besit nie. Beskaamd omdat ons nie 'n huis besit nie.

Beskaamd omdat ons nie in 'daardie posisie' is nie. Dit dra in werklikheid die boodskap oor dat ons 'n mislukking in vele areas van ons lewe is. Daarom, soos ons ons vroue bemoedig en hulle respekteer, gee ons aan hulle lewe. Ons gee aan hulle sekuriteit en skep 'n atmosfeer van vrede rondom hulle.

2. Vers 25 "Manne julle moet julle vroue liefhê soos Christus die gemeente liefgehad het en sy lewe en Sy lewe daarvoor opgeoffer het."

Christus het ons met groot opoffering en onvoorwaardelik lief. Met opoffering, omdat Hy sy lewe vir ons gegee het. Om ons vroue met opoffering lief te hê beteken dat ons ons lewe op die altaar vir hulle sal plaas. Dit beteken ook dat jy op 'n daaglikse basis jou vrou eerste, voor jou eie belange, sal stel. Onvoorwaardelik beteken "nie afhanklik van omstandighede of gevoelens, of hoe jou vrou sal reageer, nie." Dit is onvoorwaardelike liefde!

Opofferende liefde

Terwyl ek eendag 'n sekere kennis van my besoek het, het hy sy foon beantwoord, "Hallo, ja...nee...nee, - dis onmoontlik, nee– julle sal dit later moet hou. Maak dit om-en-by vyf uur. Reg, dankie, totsiens!" Die gesprek was vinnig en kortaf. Ek was seker dat hy met sy vrou gepraat het en het belangstelling in die gesprek getoon. Ek vra hom toe, "Was dit jou vrou?" Hy antwoord my, "Ja, man, dit was my vrou. Saterdag is dit my seun se vierde verjaardag en my vrou wil vir hom 'n partytjie vir tienuur reël, maar ek het reeds 'n vierbal-rondte gholf gereël en daar is geen kans dat ek dit vir 'n verjaardagpartytjie gaan verander nie." Dit tref my hoe 'n groot teleurstelling dit vir sy vrou moes gewees het. Dit is nie dat sy hom sou verkwalik oor sy gholfspelery nie, maar dat sy hom kon verkwalik omdat hy sy gholf belangriker as sy gesin geag het. My raad aan hom was dat as hy net gewillig was om een of twee keer per jaar, sy gholfdag op te offer vir sy gesin, dit beslis 'n groot verskil in sy huwelik sal maak. Dit sal opoffering beteken – om iets wat vir hom so waardevol is te los, maar soms moet ons daardie keuse maak. Ons moet met opoffering, en sonder selfsug, liefde betoon, selfs bo ons eie belange en gevoelens en selfs voor ons eie begeertes.

Hierdie beginsel word mees indrukwekkend gedemonstreer in 'n paartjie se lewens sodra een van die twee ernstig siek word. Ek het dit onlangs ervaar toe my eie broer, Ron, ernstig siek geword het met 'n gewas op die brein. Sy vermoë om te kommunikeer was erg beperk en kon hy selfs nie aan sy eie persoonlike behoeftes aandag gee nie. Sy vrou, Ann het hom onvoorwaardelik en met opoffering liefgehad en het hom versorg tot op die dag wat die Here hom huistoe geneem het. 'n Ander vriend, Dalys Sparg, het jare lank sy vrou, Jenny, met opoffering en onvoorwaardelik liefgehad. Sy het siek geword met neurovaskulitis, 'n breinkondisie. Sy was nie in staat om te kommunikeer of om te antwoord nie. Ten spyte daarvan het hy haar daagliks versorg en met haar gekommunikeer asof sy absoluut normaal is. Hy het gedurig die Woord van God oor haar uitgespreek en vertrou vir haar genesing. Hierdie mense het waarlik geweet wat dit beteken om hul gades te eer en met opoffering lief te hê.

3. *Vers 26 en 27* **"Dit het Hy gedoen om die gemeente aan God te wy, nadat Hy dit met water en die woord gereinig het, sodat Hy die gemeente in volle heerlikheid by Hom kan neem, sonder vlek of rimpel of iets dergeliks, heilig en onberispelik."**

Dikwels verwag ons dat ons vroue 'sonder vlek of rimpel of iets dergeliks', moet wees. Hulle moet volmaak wees en altyd goed lyk, emosioneel stabiel wees, liefdevol en simpatiek en sonder enige ipekonders. Ons verwag dat hulle sterk, positief en onvermoeibaar moet wees terwyl hulle die kinders versorg, vir die daaglikse huishouding sorg en nog dikwels ook daarby een of ander beroep volg. Maar dit is nie wat ons in die Woord lees nie.

Voed

Dit beteken om fisies, emosioneel en geestelik te voed. Ons het reeds die geestelike aspek gedek maar hierdie verantwoordelikheid moet ook prakties toegepas word op die fisiese en emosionele gebied. Ons doen dit deur voedsel vir ons gesin se daaglikse behoeftes te voorsien of om 'n entjie te gaan stap of basiese oefeninge te doen en om eenvoudig die buitelug te geniet. Om jou vrou 'n blaaskans te gee, kan jy die kinders versorg of 'n deel van die huishouding op jou skouers te neem. Dit sal haar fisies voed.

Jy voed haar emosioneel deur haar te bemoedig; haar hoop te gee; 'n veilige tuiste te skep; vertroue en vrede in julle verhouding te bewerkstellig en haar selfbeeld, en waarde op te bou.

Koester

Dit beteken om dit wat kosbaar en waardevol is te vertroetel, omarm, beskerm en met teerheid te versorg en bewaar.

In die Bybel is die verhaal van 'n man wat 'n kosbare pêrel in die veld ontdek het. Hy het toe al sy besittings verkoop om die stuk grond te koop en die pêrel te bekom. Koester jou vrou soos 'n pêrel wat vir jou belangrik en van onskatbare waarde is.

Daar is soveel waarheid in bogenoemde Skrifgedeeltes dat ek jou sal aanbeveel om vir 'n hele maand Efesiërs 5:21 te lees. Vra die Heilige Gees daagliks om jou in jou optrede te lei. Hy sal soveel meer aan jou oor jou kosbare vrou openbaar en hoe jy die 'Hoofskap' van Christus teenoor haar op 'n eerbare wyse kan weerspieël.

Die soeke na 'n sagmoedige en stille gees

Elke man soek 'n vrou met 'n sagmoedige en stille gees!

In *1 Petrus 3:3-4* word vroue deur Petrus aangespreek en hy bemoedig hulle as volg: "Julle skoonheid moet nie bestaan in uiterlike dinge soos haarkapsels, juwele en sierlike klere nie. Nee, julle skoonheid moet die van die innerlike mens wees: blywende beskeidenheid en kalmte van gees. Dit het by God groot waarde."

Ons raak opgewonde as ons dié gedeelte lees oor hoe ons vroue teenoor ons met 'n sagmoedige en liefdevolle gees moet optree. Petrus verduidelik verder dat as ons as mans dít van ons vrouens verwag, ons iets besonders sal moet doen om hul te help op dit te bereik.

In *1 Petrus 3:7* spreek Petrus die mans aan, "Mans, julle moet verstandig met julle vroue saamleef. Bewys eer aan hulle as die swakker geslag wat saam met julle deel in die lewe as genadegawe. Dan sal julle kan bid sonder dat iets julle hinder." (of "...sodat dat julle gebede nie verhinder word nie.")

Sterk woorde! Dit beteken dat as ons nie volgens *Efesiërs 5* en die bogenoemde teks lewe nie, ons gebede voortdurend verhinder sal word. Ek weet dat dit beteken dat ons as mans afgesny sal word van alle lewe en seëninge, en ons kan dit nie bekostig nie. Hoe kan ons verseker dat ons gebede nie verhinder word nie?

Eerstens lees ons, "Mans, julle moet verstandig met julle vroue saamleef. Bewys eer aan hulle as die swakker geslag..." Die sleutelfrase is "bewys eer aan hulle". Dit is duidelik dat daar vandag, wêreldwyd, nie meer eer aan vroue bewys word nie. Byna sewentig persent van huwelike verbrokkel; vroue veg vir hul regte en waardigheid. Daar is iets omtrent vroue, een baie belangrike ding wat hulle in die lewe nodig het, en dit is dat hulle eiewaarde bevestig word. Kom jy dit agter in jou eie vrou? Miskien is dit iets wat in die Tuin van Eden begin het toe die vrou gesondig het en God 'n oordeel oor haar uitgespreek het.

Genesis 3:16b "... met pyn sal jy kinders in die wêreld bring. Na jou man sal jy hunker en hy sal oor jou heers."

Ons weet natuurlik dat vroue, deur Jesus Christus, van hierdie 'vloek' verlos is. Tog is dit asof hulle gedurig bevestiging van hul mans verlang. Sy dink, "Hoe lyk my hare en my rok? Vind hy my steeds bekoorlik?" Ons moet baie bewus wees van vroue se selfrespek en eiewaarde. Ons bewys dit op die manier wat ons hulle respekteer, hoe ons met hulle praat, na hulle luister en hoe ons hulle veral voor die kinders eer. Die plek waar jy hoofsaaklik begin om jou vrou te eer, is by die huis.

Op 'n dag sit 'n man en 'n vrou voor my. Hulle vertel my dat hulle probleme het met hul kinders. Die kinders was rebels, het hul ma geskel, geweier om haar te gehoorsaam en was oor die algemeen onbeheerbaar. Hulle het ons Familiesentrum besoek vir advies. Terwyl hulle praat kom ek agter dat daar spanning tussen hulle is. Terwyl ek aan hulle vrae vra, begin hulle om mekaar aan te val. Die pa praat eerste, "Ek is seker dit is televisie... die soort waarna die kinders kyk...en ek is seker hulle tel dinge by die skool op.

Dit is hoekom hulle so rebels is. Dit is hoekom hulle so onbeheerbaar is. Daar moet dinge wees wat by die skool gebeur." Soos wat die gesprek gevorder het, het ek besef dat hulle tuis baie tyd spandeer om mekaar met woorde aan te val en te verneder en dat daardie gees ook die kinders affekteer. Met al hierdie dinge wat tussen die man en vrou aangaan, het hulle eintlik aan die kinders toestemming gegee om soos wat hulle optree, op te tree.

Ek wil julle mans ernstig vermaan om te let op hoe julle tuis praat. Ek verwys na die toon en gesindheid waarmee julle praat. Moet nooit jou vrou voor die kinders spot of kritiseer nie anders sal hulle later dieselfde begin doen. Moet nooit jou vrou in die openbaar spot of kritiseer nie. Dit kom dikwels by sosiale geleenthede soos partytjies voor dat mans grappe oor hul vroue maak. Iemand sal vra, "Hoe gaan dit met jou vrou?" en jy antwoord "Wel sy eet alles wat sy moontlik kan vind in die yskas," en almal skater van die lag. Jou vrou sal self ook lag, maar dit is eintlik nie snaaks nie! Dit maak haar hart seer. Ons moet dus bewus wees dat hoe ons met haar praat, haar eiewaarde tuis en in die openbaar opbou.

Bevestig voortdurend haar waarde, haar vroulikheid en haar skoonheid

Ek het eenmaal die wonderlike en ware verhaal gelees van 'n sendeling wat 'n ander sendeling op 'n eiland besoek het. Hulle was die eerste aand na 'n dinee uitgenooi. Terwyl hulle hul plekke ingeneem het, het 'n man en 'n vrou ingekom en aan die hooftafel gaan sit. Sy was die mooiste vrou wat die sendeling ooit gesien het. Hy sê toe vir sy vriend, "Wêreld, dit is die mooiste vrou! Wie is sy?" en hy antwoord, "Wel, daar is 'n wonderlike verhaal oor die vrou. Op hierdie eiland is dit tradisie dat wanneer 'n man met 'n vrou wil trou, hy aan haar vader 'n bruidsprys moet betaal. Hierdie prys vir die bruid word met 'n aantal beeste betaal. Die maksimum betaling is tien koeie en natuurlik is die minste, een koei. Bruidspryse wissel meestal vanaf vier, vyf of ses koeie. Dit is die bruidsprys! Daar was een spesifieke vrou wat op die eiland rondgeloop het met 'n sjaal oor haar gesig. Niemand kon haar regtig sien nie en het aanvaar dat sy maar net baie lelik was. Almal het natuurlik die storie versprei, "Haar pa sal nie eers een koei vir haar kry nie en sy sal seker ook nooit trou nie". Toe kom daar eendag 'n jong man na die pa toe en vra om met sy dogter te trou. Die pa was baie bly en het gedink, "Wel, as ek begin onderhandel vir drie koeie, sal ek miskien twee kry in plaas van net een." Hy vra die jong man toe vir drie koeie en hy antwoord, "Nee, nee, ek gaan jou dogter slegs op die voorwaarde dat ek tien koeie betaal, trou!" Die pa was absoluut geskok! Niemand op die eiland het ooit tien koeie betaal nie, nie eers vir sy dogter nie. Hy vra die jong man toe, "Waarom wil jy tien koeie vir my dogter betaal?" Die jong man antwoord, "As ek een, twee of drie koeie vir jou dogter betaal, gaan dit haar waarde vir die res van haar lewe bepaal."

'n Baie wyse jong man! Hy het reg aan die begin besluit om sy vrou se eiewaarde te bepaal en sodoende die kwaliteit van hul verhouding te transformeer. En dit was presies wat gebeur het. Die meisie wat gedink het dat sy so lelik was dat sy nie eers haar gesig in die openbaar kon wys nie, is die meisie wat so pas in die kamer ingestap het. Sy het die mooiste vrou op die eiland geword.

Ek wil nie hiermee voorstel dat jy jou vrou vertel dat sy tien koeie werd is nie! Dit is sekerlik nie die beste ding om te doen nie. Maar ek daag jou uit om op ander maniere vir haar te laat verstaan dat sy die mees waardevolle, kosbaarste en mooiste mens in jou lewe is. Doen dit op jou manier van praat. Neem haar uit vir 'n heerlike aandete. Koop vir haar 'n klein geskenkie. Vra jouself daagliks af, *"Het ek vandag my vrou se selfbeeld en eiewaarde opgebou?"*

Romanse en eer
Laastens, onthou om romanties te wees, mans. Baie mans verstaan nie wat hierdie romantiese besigheid beteken nie en hoe om romanties te wees nie. Maar natuurlik is dit louter snert! Jy was baie romanties toe jy vlerk gesleep het. Voordat jy getroud was, was jy die koning van romanse! Jy is partykeer net eenvoudig hardkoppig op hierdie hele gebied.

Daar is vier sleutelwoorde wat weer die romantiese sy van jou lewe sal laat herleef: "NEEM NOTISIE VAN HAAR." Neem daagliks van haar op verskeie maniere notisie. Wees beleefd, wees hoflik en maak die deur van die motor vir haar oop en laat haar voel dat sy meer belangrik is as enige ander persoon in jou dag. Probeer om spontaan te wees! Pluk byvoorbeeld 'n blom langs die sypaadjie op pad terug van die werk af en vertel haar wanneer jy haar sien, "Liefling, ek't vir jou hierdie madeliefie gebring. Dit herinner my aan jou skoonheid en die sonskyn wat jy in my lewe bring." Só neem jy notisie. Bring vir haar sjokolade, neem haar om 'n fliek te sien, gee vir haar verrassings en komplimenteer haar oor haar klere en haar voorkoms. Sommige vroue kom terug van die haarsalon en dan kom die mans eers drie dae later agter dat sy 'n nuwe haarkapsel het!

Ek daag jou uit om jouself elke dag af te vra, "Het ek vandag van my vrou notisie geneem? Het ek notisie geneem van wat sy dra? Het ek notisie geneem van haar hare? Het ek in die middel van my dag van haar notisie geneem deur haar te bel en net vir haar 'hello' te sê en haar te vertel dat ek aan haar dink?" Dit is wat dit beteken om romanties te wees. So eer jy haar ook wanneer jy notisie neem en dit is 'n baie belangrike sleutel tot romanse in 'n huwelik wat vol geluk en vreugde is.

Elke vrou wil weet dat sy haar man behaag. Neem 'n paar wenke van die *Hooglied van Salomo* in die Bybel waar hy sy geliefde oorvloedig komplimenteer. *Hoofstuk 6:9a* "... maar sy, my duif, my volmaakte, is enig..." en *vers 10a* "Wie is dit wat soos die daeraad verskyn, so pragtig soos die maan, so helder soos die son ...?" En die reaksie van die vrou is asemrowend in *hoofstuk 7:10* "Ek behoort aan my man wat ek liefhet en dit is na my wat hy smag." Dit klink na 'n gelukkige, vergenoegde en vertroetelde vrou!

Vriendskap en eer

Nog 'n sleutel tot 'n suksesvolle huwelik is om gereeld pret saam te hê. Ons het tye nodig waar ons emosioneel betrokke kan raak deur betekenisvolle kommunikasie, liefdevolle aanraking, gedeelde belangstellings en aangename ontspanning. Weerstaan die vyande van verveeldheid, voorspelbaarheid en tamheid- dinge wat die vuur van jul liefde kan blus. Neem tyd en energie om dinge saam te beplan, want dit kommunikeer aan jou vrou dat sy spesiaal is en meer vir jou beteken as enige ander belange in jou lewe. Sy sal voel dat jy haar liefhet en haar eer.

Seksuele intimiteit en eer

Wanneer ons mans so teenoor ons vroue optree soos wat ons tot dusver bespreek het, wanneer ons hulle onvoorwaardelik liefhet, hulle met opoffering dien, hulle getrou ondersteun en hulle eer soos Jesus ons voorgehou het, sal ons heerlike en vervullende seksuele intimiteit geniet. Daar sal 'n wedersydse begeerte en passievolle verlange wees na gereelde seksuele intimiteit.

Gereelde beteken elke paar dae, nie elke paar maande nie! Ek besef dat ouderdom, siekte en ander faktore die gereeldheid van fisiese intimiteit kan beïnvloed. Ons moet nie hierdie kosbare gawe verwaarloos nie. Jy eer ook jou vrou deur toe te sien dat sy ook seksueel vervul word. Neem tyd om sensitief te wees vir haar begeertes en behoeftes. Soen en liefkoos haar en bring haar wanneer julle intiem verkeer tot 'n orgasme, sodat albei seksueel bevredig kan word. Ons het 'n boek wat sal help in hierdie verband getiteld *"7 Secrets to Fan the Flame of Love and Romance in Marriage"*(1).

Erken jou vrou as 'n vrou met 'n sagte en vriendelike gees. Luister na haar belange en wees sensitief vir haar behoeftes. *Sien haar vroulikheid, saggeaardheid, teerheid, sagtheid en sorg as 'n geskenk vir jou raak.* As jy haar hard en aggresief behandel, sal sy nooit 'n vrou met 'n sagte gees kan wees nie. Dit is nie 'n geval dat jou vrou moet verander nie, *jy* moet verander en jou vrou met eer hanteer, *dan* sal sy word wat jy wil hê sy moet wees. As sy soos 'n 'koningin' voel, sal jy 'n 'koning' word.

1. Robinson, Drummond and Lindah. 7 Secrets to Fan the Flame of Love and Romance in Marriage. Port Elizabeth. 2008.

7 Dit is tyd om die vlag te hys

Persoonlike oordenking

1. Dink daaraan of jou 'hoofskap' Jesus se verhouding teenoor Sy Gemeente, Sy bruid, weerspieël.

2. Hoe kan jy jou 'lewe' vir jou vrou 'opoffer'?

3. Is jy daartoe in staat om die Bybel saam met jou vrou te lees? Watter probleme ondervind jy hiermee en hoe kan jy dit te bowe kom?

4. Op watter ander gebiede van hierdie hoofstuk het God dinge vir jou uitgelig?

Groepbespreking

1. Bespreek die betekenis van verbond teenoor die betekenis van kontrak.

2. Bespreek die uitwerking van die woord 'soos' in vers 25.

3. Hoe kan ek my 'lewe gee' vir my vrou?

4. Wat het hierdie hoofstuk vir elke persoon in die groep beteken?

5. Noem die areas waarin jy kan begin om jou vrou mee te eer.

6. Bid vir mekaar.

Vader van Eer

Vir ons gesinne verteenwoordig ons as vaders die Vaderskap van God. Dit is 'n ontsagwekkende verantwoordelikheid. Dit is die mees betekenisvolle, uitdagende en belonende rol wat ons ooit kan vervul.

Ek het voorheen 'n stelling gelees wat 'n groot indruk op my gemaak het: "Vandag lewe ons in 'n wêreld waarin daar vele vaders is met kinders, maar weinig kinders met vaders!" Vaders is op die rondomtalie van hul loopbaanontwikkeling, die nastreef van hul sosiale kalender en omdat die huwelik verbrokkel het, uithuisig. Daar is vandag geen tyd vir vaderskap beskikbaar nie.

Ek word altyd deur die lied van Harry Chapin aangeraak. Die refrein lui as volg:
> "And the cat's in the cradle and the silver spoon,
> little boy blue and the man on the moon,
> when you comin' home Dad,
> I don't know when, but we'll get together then,
> You know we'll have a good time then."

Ek stel voor dat jy probeer om hierdie lied in die hande te kry en dat jy na die aangrypende verhaal luister van 'n jong seun wat sy lewe lank wag dat sy pa huistoe kom en tyd met hom spandeer. Alhoewel die vader goeie intensies het, word dit nooit werklikheid nie. Die seun word ouer en word net soos sy pa en die kringloop begin van vooraf.

Ek het 'n verhaal gelees van mans in die gevangenis in die VSA wat op Moedersdag gratis moedersdagkaartjies aangebied is. Meer as vyf-en-negentig persent het van die aanbod gebruik gemaak. Op Vadersdag het hulle 'n soortgelyke aanbod gekry. Minder as vyf persent het van die aanbod gebruik gemaak om aan hul vaders kaartjies te stuur. Baie van hulle het nie eers geweet wat hul vaders se adresse was nie en baie ander het nie eers geweet wie hul vaders was nie.

Daar is baie verhale van kinders wat sonder 'n liefdevolle en sorgsame vader groot word. Die grootste tragedie daarvan is dat hulle dit moeilik vind om 'n verhouding met God die Vader te ervaar as hulle groot is. Op ons as vaders rus die verantwoordelikheid om aan ons kinders te wys hoe om hul verhouding met God die Vader te bou as iemand op wie hulle kan vertrou en staatmaak. Ons kinders moet glo en weet dat God 'n God is wat liefhet en sorg. As 'n pa afwesig was, of geskel en mishandel het, sal die kinders as gevolg van hul negatiewe ervarings 'n verwronge beeld van God die Vader hê. Dit is waarom soveel ma's wag en hoop dat hulle mans die Here Jesus as Verlosser sal aanneem en Hom, met hul hele lewe, as Here sal dien en gehoorsaam. Slegs dan sal hulle in staat kan wees om die gesin op 'n goddelike wyse te lei. Soveel van hierdie mans het ongelukkig nooit self 'n goddelike rolmodel gehad wat hulle kon navolg nie.

God se hart vir vaderskap

As vaders en Manne van Eer, word ons geroep om te lei, rigting te gee, te voorsien, te beskerm en bowenal, om ons vroue en kinders te seën.

1. Spreek 'die seën' uit

Genesis 1:26-28 "Toe het God gesê: 'Kom ons maak die mens as ons verteenwoordiger, ons beeld, sodat hy kan heers oor die vis in die see, die voëls in die lug, die mak diere, die wilde diere en al die diere wat op die aarde kruip.' God het die mens geskep as Sy verteenwoordiger, as beeld van God het Hy die mens geskape, man en vrou het Hy hulle geskape. Toe het God hulle geseën en vir hulle gesê: 'Wees vrugbaar, word baie, bewoon die aarde en bewerk dit. Heers oor die vis in die see, oor die voëls in die lug, oor al die diere van die aarde, ook oor die diere wat op die aarde kruip."

God het hulle geseën. Om te seën beteken om "te bemagtig om voorspoedig te wees." God het aan die man en vrou die gesag toevertrou om te regeer, te heers en om voorspoedig te wees in vrugbaarheid. Ons sien verder hoedat hierdie gesag deur die geslagte van vader tot seun toevertrou word. Ons lees byvoorbeeld hoedat:

- Abraham vir Isak deur sy gehoorsaamheid en geloof geseën het (Genesis 22:17-18)
- Isak vir Jakob geseën het (Genesis 27:26-29)
- Dawid vir Salomo (1 Kronieke 22:11-13)

As vaders is ons nie net besig om ''n seën' toe te vertrou nie, maar om **'die seën'** wat Hy oor Adam en Eva uitgespreek het, aan ons seuns oor te dra. Dit word ook ingesluit in die verbond met Abraham. Wanneer ons hierdie gesag volgens God se wil toepas, sal ons voorspoed en seën vrystel.

Praktiese maniere hoe ons as vaders 'die seën' oordra
- *Deur woorde van bemoediging, vertroosting en aanvaarding.* Ek hoor van baie mans wie se vaders nooit die woorde "Ek het jou lief", teenoor hulle geuiter het nie. Om liefde en waardering uit te spreek is nie 'n 'sissie' ding nie. Inteendeel, dit is 'n meedeling van krag en moed in jou seun en dogter se lewe. Dit is ook belangrik om oop en eerlike gesprekke met jou kinders te voer en dat hulle met vrymoedigheid, ter enige tyd, vir jou in hul vertroue kan neem.

- *Deur liefdevolle aanraking.* Kinders ontvang bevestiging en seën deur aanraking van vertroosting, liefde, omhelsing en speelse aktiwiteite. Aanraking dra 'n boodskap van aanvaarding, waardering en bemoediging oor.
- *Deur 'n lewenswyse van goddelikheid en morele reinheid.* Ons seën ons kinders wanneer ons in ons huise die beste morele standaarde stel. 'n Regverdige en getroue rolmodel sal die rigting aangee en hulle beskerm in die jare vorentoe. Die grootste geskenk wat jy jou kinders kan gee is om hulle te leer om die Woord van God heelhartig te aanvaar en te gehoorsaam en om die teenwoordigheid en leiding van die Heilige Gees konstant te ervaar en te volg.
- *Toon belangstelling.* Wees betrokke in hul daaglikse lewe en aktiwiteite. Om kwaliteittyd met jou kinders deur te bring sal lei tot 'n gesonde selfbeeld, gevoel van waardigheid en vertroue, in hul lewens. Sodoende word visie vir die toekoms in hulle ingebou asook die bevestiging van hul gawes en talente en 'n ontdekking van hul bestemming en doelwitte.

Vir hierdie rede sal kinders altyd geheg wees aan hul vaders. Al is hul as gevolg van egskeiding, aanneming of mishandeling verwyder, sal kinders steeds daarna smag om 'n verhouding met hul vaders te hernu.

2. Geroep om leiding te gee

Ons moet lei met die gesindheid van 'n dienskneg, met nederigheid en met 'n hart wat onderdanig is aan diegene onder wie se gesag God ons geplaas het, terwyl ons leersaam is en oop is vir teregwysing. Wanneer ons as mans op hierdie wyse lei, sal ons vroue en kinders maklik volg.

Lei met 'n nederige hart en gesindheid

Moenie toelaat dat hoogmoed, arrogansie, selfsug of onbeskoftheid toegang tot jou huis het nie. Jy is die deurwagter en jy besluit wat in jou huis toelaatbaar is. As jy met hoogmoed en arrogansie optree, het jy die deur vir daardie gees oopgemaak om in te kom en verwoesting in jou gesin te saai. As jy begeer dat jou kinders nederig van hart moet wees, lei dan met nederigheid, onderdanigheid, liefde en respek. Betoon selfbeheersing en selfdissipline in jou leierskap.

Jy is jou kinders se rolmodel deur 'n gesindheid van 'n dienskneg te hê en om hul ma te eer. Kinders word meer deur jou dade as met jou woorde beïnvloed. Hulle word meestal deur wie jy is en die wyse waarop jy teenoor jou vrou optree en met ander praat, beïnvloed. Hoe jy leiding neem en optree in jou huis het die grootste invloed op jou kinders. Tuis word die gesindheid van 'n dienskneg uitgeleef. Lei byvoorbeeld deur 'n hand by te sit in die huis. Was die skottelgoed, maak die huis skoon, sny die gras en bedien jou vrou en gesin. Maak die kinders by elke geleentheid betrokke, maak dit 'n genotvolle tyd wanneer julle saam is en leer hulle so om die regte gesindheid in alles te handhaaf.

Ons moet voortdurend rigting aan ons gesinne gee onder leiding van die Heilige Gees. Wanneer ons rigting aan ons gesin gee, doen ons dit in konsultasie met ons vroue. Die man stap nie alleen en doen sy 'ding' nie. Ons stap sy aan sy met ons vroue en bespreek sake saam, "Wat dink jy skat? Ek dink dit is wat God met betrekking tot veranderings in ons gesin, bedoel. Hoe sien jy die saak?" Julle moet dalk verhuis of 'n besluit neem aangaande jul kinders. Watter probleme ookal opduik, praat met jou vrou en indien julle nie kan ooreenkom nie, praat met jul pastoor of 'n geestelike berader wat julle vertrou, om God se hart en wysheid in die saak te kan ontvang.

Lei dan deur prioriteite te bepaal

Die dinge waaraan ons tyd en aandag in ons gesinne bestee, sal bepaal waar ons sal opeindig. Televisie byvoorbeeld is iets wat te veel tyd in ons gesinne opneem. Statistiek toon dat ons kinders weekliks te veel tyd voor die televisie en met rekenaarspeletjies spandeer. Die waarheid is dat ouers soms noodgedwonge baie tyd uithuisig spandeer. Kinders kom dikwels vroeg tuis van die skool af en skakel dan die televisie aan. Wat sal hul waardes en morele standaarde die meeste beïnvloed? Die vader wat vyf minute per dag met die kinders spandeer of ses ure voor die televisie? Glo my, dit sal hoofsaaklik deur die televisiestel bepaal word. Dan wonder ouers hoekom hul kinders skielik agressief raak, ongeskik is en selfs seksuele speletjies speel.

Die vraag ontstaan nou of dit reg is vir moeders van jong kindertjies om heeldag te gaan werk. Moederskap is een van die belangrikste rolle in 'n vrou se lewe. Persoonlik glo ek dat jy God finansieel kan vertrou sodat jou vrou tuis kan wees gedurende die vormingsjare van jou kinders.

Destyds, was ek een aand besig om saam met my vyfjarige seun, na 'n televisieprogram te kyk. Hy was gewoonlik sewe-uur al in die bed. Die film het geweld, skietery en onaangename musiek ingesluit. My seuntjie se reaksie was, "Pappa, ek hou nie van die musiek nie en ek hou nie van hierdie televisieprogram nie." Ek antwoord hom toe, "Nee Brett, jy kan nie na hierdie program kyk nie. Gaan gou na Mamma toe en gaan solank bed toe. Sodra die advertensies begin, sal ek jou snoesig kom toemaak." Toe hy gaan slaap het, het die Heilige Gees met my gepraat, "Jy het vanaand 'n groot fout begaan omdat jy vir jouself toestemming gee om na die program te kyk, maar nie vir jou seun nie!" As my seun nie na die program mag kyk nie, mag ek ook nie! Dit is net soos ek reeds genoem het, kinders leer meer uit dit wat jy doen as wat jy woordeliks aan hulle voorskryf.

Ons het hierna die besluit geneem om saam as 'n gesin, televisie te kyk. En as dit nie vir kinders gepas was nie en ons dit nie saam kon kyk nie, het ons nie daarna gekyk nie omdat dit ook nie vir ons gepas is nie. Weet jy, dit het werklik goeie vrugte afgewerp vir ons gesin. Toe die kinders groter word en ek en Lindah soms vir die aand uitgegaan het, hoef ons nooit vir ons kinders voor te skryf wat hulle op televisie mag of nie mag kyk nie. Hulle het hul keuses gemaak op die basiese beginsels waaroor die gesin saam besluit het en voorts altyd gehandhaaf het. Hulle het daardeur selfbeheersing geleer en dit was baie belonend vir ons.

Ons het nodig om tyd te maak vir gesinstyd: of dit om die eettafel is, om 'n piekniek saam te geniet of 'n avontuur saam met die kinders aan te pak. Ons het saam al wonderlike dinge onderneem; saam in die berge gaan stap, op riviere geroei en gekamp. Sommige van hierdie geleenthede was vir my 'n uitdaging! Ek geniet die gemak van my huis, nie die gekampery op die harde grond nie! Ons het waarlik heerlike tye saam geniet en dit laat aangename herinneringe vir die hele gesin na.

Dit mag baie betwisbaar wees, maar ek glo ons moet die gebruik van alkohol in ons huis weereens ondersoek. Terwyl ek geensins bedoel om aan sommige aanstoot te gee nie, wil ek tog hierdie saak aanraak. Baie mans vra, "Wat skryf die Bybel oor die gebruik van alkohol?" Daar is 'n paar duidelike skrifgedeeltes in die Bybel met betrekking tot die misbruik daarvan.

Jesaja 5:11 "Ellende wag vir diegene wat vroeg opstaan om agter sterk drank aan te loop en hulle tot laataand dronk te drink aan wyn."

Jesaja 5:22 "Ellende wag vir diegene wat helde is by wyndrinkery. Dapper by die meng van drank …"

Dis skrikwekkend om die tragiese gevolge te sien wat deur alkoholmisbruik in ons samelewing veroorsaak word. Ek was diep oortuig dat ek 'n standpunt moet inneem. Verskeie persone het my probeer oortuig dat ek my kinders moet toelaat om alkohol te gebruik. Drie drankies is miskien nie vir jou 'n probleem nie maar ons weet nooit of een drankie te veel sal wees vir ons seuns en dogters nie. Een mondvol is vir 'n alkoholis te veel. Ek kon nie daardie kans met my kinders waag nie. Ek is gekritiseer maar dit was nooit 'n saak van beheer nie. Dit was 'n keuse wat ek gemaak het en toe my kinders volwasse geraak het, het hulle hul eie keuses gemaak en my lewensvoorbeeld as rolmodel gevolg. Een van die mans wat my gekritiseer het, het my jare later kom sien. Toe hul oudste sestien jaar oud was, het hulle ernstige probleme met hom gehad. Nie net was die kind betrokke in alkohol-misbruik nie, maar was ook aan dwelms verslaaf. My seuns was in die weermag en het wêreldwyd gereis en hulle is nie preuts nie. Hulle het opgestaan teen alles wat hul lewens en gesin sou kon verwoes. Ek het gelei gevoel om my eie getuienis en oortuiging hier te gee. Ek wil jou sterk aanmoedig om voor God in gebed in te tree vir jou eie gesin.

Baie mans sal nou moontlik voel: "Ai, man, ek het in soveel areas gefaal!" Ek wil jou net daarvan bewus maak dat God nie hier is om jou te veroordeel nie. Die belangrikste is nie waar jy nou is nie, maar waar jy oor twaalf maande van nou af gaan wees? Waar sal jou huwelik wees en waar sal jou kinders twee jaar van nou af staan? Ons moet 'n vaste besluit neem om meer aandag te gee aan kernprioriteite in ons gesinne en ons lewenstyl daarby aanpas.

Neem asseblief tyd om die prioriteite wat jy nodig het om te verander ter wille van jou gesin neer te skryf.

3. Geroep om ons gesin te beskerm en te voorsien

Ek wil fokus op twee karaktereienskappe van God wat ons groot stabiliteit, asook vrede in ons gemoed en beskerming gee. In die Bybel lees ons dat God beskryf word as 'n *God van standvastige liefde en van getrouheid,* twee karaktertrekke wat ook in ons lewens geopenbaar behoort te word. Standvastig beteken be-stendig, stabiel, stewig en konstant, in liefde en in emosies. Daar is niks wat 'n gesin meer ontstel as n man wat onstabiel is in sy emosionele gesindheid nie. Ons moet stabiel in ons liefde en emosies wees. Ons moet sorgsaam wees, liefdevol en sag-moedig. Ons moet ons vroue en kinders emosioneel, geestelik en fisies beskerm. Ons kinders wil weet dat wanneer hulle ons nader, hulle nie 'n vader sal vind wat ongenaakbaar is of 'n ag-gressiewe gesindheid openbaar nie, maar liewer 'n vader wie se liefde konstant is. Dit mag wees dat ons moet dissiplineer, of dat ons moet teregwys. Maar die kinders mag nooit twyfel aan die konstantheid van ons liefde nie.

Dink aan die getrouheid van God se hart wat belowe, "Ek sal jou nooit verlaat nie, jou nooit in die steek laat nie." *Hebreërs 13:5b* God belowe Sy toewyding aan ons. Hy is ons sterk toring (toe-vlug en skuiling) en die steunpilaar op wie ons kan staatmaak.

Baie paartjies wie se huwelike aan die verbrokkel is, kom sien ons. Die mans vertel ons dat hulle dit nie meer kan vat nie en wil die vrou verlaat. Dit is skokkend om dit te hoor. 'n Man vertel sy gesin nie dat hy hulle gaan verlaat en dat hy nie weer gaan te-rugkeer nie. 'n Man wat homself daartoe verbind het om aan sy vrou en gesin getrou te wees sal eerder die sterke ondersteuning vir hulle wees en die een op wie hulle kan steun. Kinders wil hul pa as iemand ken op wie hulle kan staatmaak en 'n pa wat daar vir hulle sal wees as hul grootword.

Kersfeesverhaal

Ek het onlangs die verhaal gehoor van 'n tienjarige seun wat in 'n kinderhuis geplaas was omdat sy pa die huis verlaat het en sy ma as gevolg daarvan haar toevlug tot alkoholmisbruik vir ver-troosting geneem het. Sy was dus glad nie in staat om haar seun te versorg en groot te maak nie. Na 'n jaar in die kinderhuis was hy baie opgewonde omdat hy gedink het dat hy Kersfees huistoe sal gaan. Sy ma het ingekom vir 'n onderhoud en het verneem dat haar seun glad nie goed doen in sy skoolwerk nie en dat hy sosiaal moeilik aanpas. Aan die seun is vertel dat hy nie huistoe kon gaan vir Kersfees nie, maar as hy beter vaar in die komende jaar, kan hy die volgende Kersfees huistoe gaan. Hoe tragies dat die tienjarige seun dit moes aanhoor. Op sy ouderdom was dit moeilik om alles te verwerk en dat die omstandighede hom ver-hinder om huistoe te gaan. Al wat hy wou gehad het was om by sy pa en ma te wees. Hy het 'n vader nodig gehad op wie hy kon steun en by wie hy liefde en deernis kon vind.

Hierdie soort situasie is totaal onaanvaarbaar. Dit is tyd vir ons om op te staan en ware mans te wees. Ons gesinne verdien va-ders wat standvastigheid en getrouheid betoon. Ons hoef nie "super pa's" te wees nie, ons hoef nie die rykste pa's te wees nie, maar ons kan getrou wees en vir hulle die liefde gee wat hulle verdien.

As mans het ons die spesiale gawe van God ontvang om te voor-sien vir die geestelike, emosionele en fisiese voedsel wat deur ons gesin benodig word. God is ons bron, ons is die kanale deur wie die seëninge van die Here na ons gesinne deurvloei. Vertrou die Here vir wysheid, talente en vaardighede om vir jou gesin op 'n daaglikse basis te voorsien. Ons moet ook onsself daaraan toewy om voortdurend ons vaardighede op te knap en onsself te verbeter sodat ons finansieel kan voorsien. God beloon mans wat hard werk en getrou is.

Dissiplineer ons kinders met eer
Ons word geroep om deur liefde en dissipline 'n goddelike ka-rakter in ons kinders op te bou. Moet nooit jou eie wil op hulle afdwing nie. Moenie jou frustrasie, woede of stres op jou kinders uithaal nie. Dissipline is NIE beledigend of vernederend nie. Dit is om ons kinders op te lei en rigting te gee met liefdevolle kor-reksie, om 'n goddelike karakter in hulle in te bou.

Sommige van die maniere om 'n goddelike karakter in hulle in te bou is met positiewe beloning, onttrekking van voorregte, nugtere redenering, die gebruik van die 'lat van dissipline', speelse afleiding van negatiewe invloede, positiewe rolmodel karakter en verantwoordelike ontwikkeling.

Jou kind hoef nie gedissiplineer te word net omdat hy/sy per ongeluk 'n ornament van die tafel af gestamp en dit gebreek het nie. As jy hulle gewaarsku het om nie daaraan te raak nie of jy het hulle geroep om te kom eet, en hulle jou telkemale ignoreer, dan is dit moedswillige halstarigheid. Dan benodig die situasie goddelike korreksie.

Spreuke 22:15 "Onverstandigheid is eie aan 'n jongmens, maar 'n pak slae haal dit uit hom uit."

Wanneer is dit nodig om die lat te gebruik. Mag ek die volgende voorstel:

- *Laat ek beklemtoon; moet nooit jou kind terwyl jy woedend is, korregeer nie!*
- Stuur eers jou kind na 'n kamer, byvoorbeeld die badkamer.
- Neem tyd om self te kalmeer, bid en hoor God se stem oor die saak.
- Verduidelik aan hulle wat hulle verkeerd gedoen het en hoe dit God se hart asook julle harte bedroef het. Hulle moet die gevolge van hul dade verstaan.
- Moet nooit jou kind dissiplineer met jou hand nie. Die hand is 'n simbool van liefde en beskerming. Wanneer jy jou hand na jou kind uitreik, moet die kind met blydskap vervul word.
- Dit moet 'n verwagting van deernis, beskerming en liefde by jou kind wek – en nie pyn nie.
- Dissiplineer hulle op hul agterstewe met 'n houtlepel of 'n slap lat. Moet nooit op 'n ander deel van die liggaam dissiplineer nie. Pas een of twee houe toe op die agterstewe.

- Na 'n tydjie kan jy hulle liefdevol omarm! Hulle mag jou probeer weerstaan maar verduidelik aan hulle dat jy dit gedoen het omdat jy hulle liefhet. Onthou, jou doel is om hulle op te voed in die weë van die Here.

'n Effektiewe manier vir die kinders om 'af te koel' en na te dink oor hul optrede, is om hulle *'koelkas'* toe te stuur. Vir jonger kinders is dit heel moontlik die beste om hulle iewers in 'n afgesonderde area te laat stil sit, redelik naby aan die gesin. Vir ouer kinders is dit beter dat hulle vir 'n kort tydjie alleen en stil in hul kamer sit, met 'n oop deur. Dit alles moet opgevolg word deur 'n verskoning van die kind en dan herstel. Ek glo nie daaraan om 'n kind in die kamer toe te sluit totdat hulle geleer het om hulle te gedra nie. Dit is beledigend en vernederend. God belowe dat as ons sondig en ons sonde met opregte berou aan Hom bely en om vergifnis vra, Hy getrou is en dat Hy al ons sondes sal vergewe en van alle ongeregtighede sal reinig (*1 Johannes 1:9*). Hierdie is 'n beginsel wat ons as vaders moet besin en toepas op ons kinders. Dus, pas dissipline toe, bid saam met hulle, huil saam met hulle en bring hulle terug in gemeenskap en in verhouding, met die gesin. Ons het nodig om ons kinders te leer hoe om met hul emosies soos woede, frustrasies en konflik op 'n goddelike basis te werk. Moet hulle nie nou isoleer nie want wat verby is, is verby!

Hebreërs 12:11 "Wanneer ons getug word, lyk die tug op daardie oomblik nie na iets om oor bly te wees nie, maar oor te huil. Later lewer dit egter vir die wat daardeur gevorm is, 'n goeie vrug: vrede omdat hulle gehoorsaam is aan God".

Stadiums van ontwikkeling
- Vanaf geboorte tot die ouderdom van ongeveer elf, gee ons duidelike riglyne en besliste opdragte aan ons kinders. Daar is volstrekte beginsels in die huis, dinge wat mag en dinge wat nie mag wees nie. Kinders moet leer om daardie beginsels te eerbiedig en te gehoorsaam.

- Vanaf die ouderdom van twaalf, beweeg jy van opleiding na die plek waar jy hulle leer hoe om die godgegewe waardes wat hulle tuis geleer het, hulle eie te maak en in hul lewens toe te pas. Dinge soos om selfbeheersing toe te pas en om verantwoordelike besluite in hulle lewens te neem. Dit kan beskryf word as die stadige wegbeweeg van besliste grense na vryheid van verantwoordelike en goddelike volwassenheid. Dit is baie moeilik om jou kind met 'n houtlepel te dissiplineer op ouderdom veertien of vyftien jaar – teen daardie tyd is hulle moontlik twee keer jou grootte! Dit is nou die jare waarin jy hulle bystaan en leer om goddelike grense te ontdek. Wen hul vertroue deur vriendskap, genotvolle aktiwiteite, sport en deur hulle by te staan met uitdagings waarmee hulle te kampe gaan kry. Op hierdie wyse leer jy hulle om onafhanklik te wees, hulle harte te wen en hulle voor te berei vir die lewe.

Laastens, wanneer laas het jy jou kind geprys? Kinders het aanvaarding, teerheid en medelye nodig, nie net dissipline nie.

Die Here het aan ons as mans en as vaders gesag toevertrou om ons vroue en kinders te seën en om hulle in staat te stel om hul Godgegewe bestemming te bereik.

Ek bid dat jy genade sal ontvang om 'n vader te wees op wie jou kinders kan vertrou en in wie die kinders hulle kan verbly. *'n Vader van Eer, iemand wat 'n rolmodel sal wees van die Vaderhart van God, vir jou kinders.*

Dis tyd om die vlag te hys

Persoonlike oordenking

1. Besin die volgende kern areas van ons mandaat
* Om die seën van God oor generasies heen deelagtig te maak.
* Om te lei en rigting te gee.
* Om te voorsien en te beskerm.
* Om te vorm na 'n goddelike karakter.

2. Was jy tot dusver 'n voorbeeld van 'n man van eer? Maak 'n lys van die areas waarmee jy worstel en wat verandering benodig. Begin om teenoor die Here en teenoor jou kinders te bely en om vergifnis te vra.

3. Maak 'n lys van die areas waarin jy slaag.

4. Watter prioriteite in jou gesin benodig aandag? Maak 'n lys en bespreek dit met jou vrou.

Groepbesprekingspunte

1. Die rol van die gesinsleier as 'n dienskneg.

2. Die bepaling van prioriteite vir die gesin in hierdie besige wêreld.

3. Maniere om 'n seën te wees en om dit deel te maak van jou gesin.

4. Maniere om as 'n gesin saam pret te hê.

5. Bid vir mekaar.

Mans met 'n ander Gees

Numeri 13 en 14 is waarskynlik twee van die mees betekenisvolle, inspirerende, dog mees tragiese hoofstukke van die Bybel. Moses het die Israeliete deur die woestyn gelei en het baie uitdagings oppad teëgekom, meestal as gevolg van die houdings van die mense. Nou is hulle by die Jordaanrivier met die Beloofde Land slegs aan die oorkant van die rivier.

God sê vir Moses in *Numeri 13:2* om twaalf mans uit te stuur, 'n leier van elke stam, om op die land wat Hy vir die kinders van Israel gee te spioeneer. Luister na die woorde wat Hy gee. Daar staan nie geskrywe wat hy dalk mag gee nie, maar wat Hy besluit het om te gee. Dit is belangrik vir die storie omdat ons baie keer nie die beloftes wat God ons gegee het, ken nie en dan so maklik in twyfel en wanhoop verval wat die vermoë van God om in ons lewens te werk, neutraliseer.

Die spioene het teruggekeer met 'n tros druiwe wat so groot was dat dit uitgestrek op 'n paal deur twee mans gedra moes word. In vers 27 het hulle aan Moses gerapporteer en gesê: "Ons het in die land gekom waarheen U ons gestuur het. Dit loop oor van melk en heuning, en hier is van die vrugte." Stel jouself die prentjie voor, hulle lag en is opgewonde terwyl hulle uitroep: "Manne, kyk hierna, dit oortref ons wildste drome". Hulle was slawe in Egipte, het toe deur die woestyn gedwaal en nou sien hulle die Beloofde Land en al sy vrugte en sy seëninge.

In vers 28 roep hulle egter nie "God het dit alles vir ons gegee" uit nie, hulle sê "Desnieteenstaande is die mense wat in die land woon sterk, die stede is baie groot vestingstede, verder het ons ook die nasate van Anak daar gesien." 'Desnieteenstaande' is 'n groot 'MAAR', 'n woord wat twyfel en teenstrydigheid teen die beloftes van God is. "Ja, ons het gehoor wat God gesê het, maar het julle gesien hoe groot hulle is?" Ons sien tans die interaksie tussen twee groepe mans- die een groep word in hulle twyfel en ongeloof deur vernedering en oneer beheer. Josua en Kaleb het gereageer as Manne van Eer. Hulle vertrou op hulle 'posisie' van Eer in God en is gereed om 'die berg te klim', die vlag te hys en die morele grondbeginsel te vestig. Kom ons lees vanaf vers 30 saam.

Numeri 13:30 "Kaleb het egter die mans wat met Moses praat, stilgemaak en gesê: "Ons moet beslis optrek en die land in besit neem, want ons kán dit doen." Sommige vertalings sê "Ons is daartoe in staat om die land in te neem." (parafrase)

Ek is seker Kaleb kon nie glo wat hy gehoor het nie. "Manne, kan julle nie onthou wat ons daar gesien het nie? Kyk na die druiwe, kom ons gaan dadelik. Moenie aarsel nie, ons is daartoe in staat om die land in te neem." Die woorde om daartoe in staat te wees soos dit hier gebruik is, kom uit die Strongs 3201 en beteken: om die krag en die vermoë te hê om staande te bly en suksesvol te wees.

Kaleb het dieselfde reuse en vestingstede gesien. *Geloof ontken nie die werklikheid van ons probleme nie; dit verklaar die krag van God in die aangesig van die probleem.* Dit respekteer die feit dat God die heelal geskape het en nou in ons woon om Sy koninkryk op aarde te vestig. Mans van Eer vertrou en glo God as hulle op Sy roeping in hulle lewens reageer. Ongelukkig het die ander spioene meer gehad om te sê:

Numeri 13:31-33 "Maar die manne wat saam met hom gegaan het, het gesê: "Nee, ons kan nie teen daardie mense optrek nie, want hulle is sterker as ons." Die manne het toe 'n slegte gerug onder die Israeliete versprei oor die land wat hulle verken het. Hulle het gesê: "Die land wat ons gaan verken het, is 'n land wat die lewe vir sy inwoners onmoontlik maak, en die mense wat ons daarin gesien het, is almal groot. Ons het daar ook die reuse gesien. Die Enakiete stam van hulle af. Ons was soos sprinkane in ons eie oë, en so was ons ook in hulle oë." Teenoor die reuse het hulle gevoel soos en hulle self gesien soos sprinkane en omdat hulle hulself so gesien het, het die mense daar ook gedink dat hulle sprinkane was. As jy iemand 'n "slegte sprinkaan" noem, sal jy waarskynlik 'n teenaanmerking kry of dalk 'n objek teen jou kop gegooi kry. Maar hulle het hulself sprinkane genoem, selfs nadat hulle gesien het wat God vir hulle gedoen het.

Ons mag die storie dalk met verwondering lees, maar ons tree ook soms terug van geleenthede of uitdagings omdat ons dink dat hulle onoorkomlik is en ons niksbeduidend. Maak nou 'n lys van die geleenthede en die uitdagings wat jy moet hanteer. Gee ook die redes wat jy tot nou toe gegee het om hulle NIE aan te gryp nie.

Geleenthede: Negatiewe redes:

Sien jy jouself, vir watter rede ookal, as swak en sonder die vermoë om te oorwin nie? Of glo jy, dat jy in God, daartoe in staat sal wees om te oorkom.

Joshua en Kaleb het in vertwyfeling hulle klere geskeur en die mense aangespreek. *Numeri 14:6-9* "Ook het Joshua seun van Nun, en Kaleb seun van Jefunne, manne wat saam die land verken het, hulle klere geskeur, en vir die hele vergadering Israeliete gesê: "Die land wat ons gaan verken het, is 'n buitengewoon goeie land. As die Here ons goedgesind is, sal Hy ons na hierdie land toe bring en dit aan ons gee, 'n land wat oorloop van melk en heuning. Julle moet net nie teen die Here in opstand kom nie. Moet ook nie vir die mense van die land bang wees nie, want ons sal hulle maklik verslaan. Hulle gode sal hulle nie kan beskerm nie. Die Here is by ons. Moenie vir hulle bang wees nie!"

Romeine 14:23b sê, "En enigiets wat 'n mens nie uit geloofsoortuiging doen nie, is sonde." As ons vrees, wrewel, onsekerheid of enige soortgelyke ding toelaat om ons vertroue en gehoorsaamheid aan God te stop, rebeleer ons teen Hom en is dit sonde.

Die punt is, wat kies ons om te sien en te glo? Jy mag dalk 'n huwelikspro-bleem of 'n verslawing hê. Die probleem blyk groot te wees, maar God sê dat as ons onsself aan Hom oorgee, Hy ons die genade en vermoë sal gee om dit te oorkom. Daar is geen twyfel dat God jou wil seën nie, so hoekom vertrou jy Hom nie en tree jou Beloofde Land nie?

Ongelukkig het die spioene die mense oorreed dat hulle nie daartoe in staat sal wees om te oorwin nie, en hulle het in vrees teruggestaan en teen God in opstand gekom:

Hebreërs 3:16-19 "Wie was dit dan wat gehoor het en tog in opstand gekom het? Was dit nie hulle almal wat onder leiding van Moses uit Egipte getrek het nie? En in wie het God veertig jaar lank 'n afkeer gehad? Was dit nie van hulle wat gesondig het en wie se dooie liggame in die woestyn agtergebly het nie? Oor wie anders as dié wat ongehoorsaam was, het Hy 'n eed afgelê dat hulle nie in sy rus sou ingaan nie? Ons sien dus dat hulle as gevolg van hulle ongeloof nie in sy rus kon ingaan nie."

Hulle het nie ingegaan nie as gevolg van ongeloof wat in werklikheid beteken, hulle het nie op God vertrou nie.

As ons God nie vertrou nie, neutraliseer ons Sy krag en genade wat in ons lewens werk. Ons ken Sy hart maar vetrou Hom nie. Om die waarheid te sê ons vertrou dan op vrees, onsekerheid en vernedering. God was woedend vir die Israeliete en wou hulle uitwis. Moses het by God vir hulle gepleit om hulle te spaar. God gee toe, maar verklaar dat geen enkele een van hulle, buiten Josua en Kaleb, die Beloofde Land sal binnegaan nie.

Numeri 14:24 "Maar omdat my dienaar Kaleb ***'n ander gesind-heid het*** en my getrou gevolg het, sal ek Hom inbring in die land wat hy gaan verken het, en sy nageslag sal dit besit."

God erken die ander houding wat Kaleb het; *hy sien die groot-heid van God, nie die grootheid van die probleem nie.* Hy ver-trou volkome op die beloftes van God en die vermoë van God in hom om te help om te oorkom. Daarom sê God dat Kaleb en Josua die Beloofde Land sal betree en erf.

Manne van Eer het 'n ander Gees
Dit beteken nie dat hulle 'n ander gees as die Heilige Gees het nie, maar 'n ander houding en 'n buitengewone behoefte om God te glo en te vertrou. *Hulle weet dat hulle geroep is en af-gevaardig is deur God tot priesterskap in die gees, leierskap in die natuurlike wese en om soldate te wees wat die Koninkryk van God op aarde moet vestig.* Hulle is aangestel en geseën in die krag en gesag van God maar loop met 'n onderdanige hart onder dié waaraan hulle verantwoording moet doen. Hulle het hulself as getroue, lojale rentmeesters van die gawes en roeping op hulle lewe soos wat hulle dien in die liggaam van Christus om die volheid van die maat van Christus en eenheid onder almal in die Gees te bewerkstellig.

Manne van Eer sal sy aan sy saam met hul broers veg om God te eer en die morele grondbeginsel in die samelewing in stand te hou. Hulle sal die 'Vlag van Eer' op die bergtop van elke struktuur in die samelewing, elke onderneming van die mens, stam en nasiehys. Hulle sal die waarde van 'n goddelike huwelik en gesin as die samebindende vesel en struktuur van die samelewing instand hou om voorsiening, beskerming en seën vir almal te verseker. Hulle beweeg in hul verhoudings in liefde, aanvaarding, genade en vergifnis. Hulle handhaaf regverdigheid en integriteit en loop in nederigheid, diensbaarheid en waarheid in alle aspekte.

Daar is beloofde lande wat voor jou lê en daar is nie meer tyd om te spioeneer nie. *Dit is nou die tyd om op te trek as 'n Man van Eer, om aan te sluit by God se Weermag en die land in te neem.*

Psalm 45: 2-5

" Mooi woorde roer in my hart;
ek dra my gedig voor aan die koning;
my tong is soos die pen
van 'n vaardige skrywer.
U is mooier as alle mense;
Oor u lippe vloei net vriendelike woorde,
Want u lewe lank seën God u.
Kom, held, maak u reg vir die stryd,
Kom in u koninklike luister.
Mag u oorwin!
Knoop die stryd aan vir die waarheid
en vir die reg van die hulpelose!
U is gcrocpc tot magtigc dadc."

Ek bid dat soos jy nou bid en die heerskappy van Jesus in jou lewe bely, dat jy in 'n ander man 'verander sal word' soos die Heilige Gees jou seën en ophef met 'n 'ander Gees' om 'n oorwinnende seëvierende Man van Eer te word. God seën jou.

Tot Sy eer,
Drummond Robinson

Dit is tyd om die vlag te hys

Persoonlike oordenking

1. Wat verhoed jou om te reageer op die geleenthede wat God vir jou gegee het?

2. Bely jou vrese, twyfel, verwerping en enige ander vyande wat jou uit jou Beloofde Land hou, aan God.

3. Oordink die paragraaf: Manne van Eer het 'n ander gees.

4. Soos wat jy jou lewe aan God oorgee, vra Hom om opnuut Sy Gees oor jou uit te blaas en jou hart te verander.

Groepbbesprekingspunte

1. Maak areas waarmee jy gesukkel het en selfs in gefaal het net soos daar die spioene aan die groep bekend. Bid vir mekaar en maak 'n verbintenis aanmekaar om sy aan sy daardie berge te klim en weer die morele grondbeginsel te herbevestig.

2. Om 'n Man van Eer met 'n ander Gees te wees, moet ons God se stem hoor. Bespreek hoe jy in die area kan ontwikkel:

- Lees die Woord
- Meditasie
- Joernaalinskrywings
- Stilte tye
- Vas
- Gebed
- Gemeenskap met die gelowiges

3. Lees die aanhangsel. Bespreek hoe jy 'n 'Regiment van Eer'- groep in jou omgewing kan begin. Beplan 'n strategie om ander uit te nooi om in te skakel en dink aan areas waar jy kan begin om 'n verskil in jou gemeenskap te maak.

Verbond van Eer

Jesus Christus het sy lewe gegee om Sy berg te oorwin en die vlag te plant wat die morele grondbeginsel van regverdigheid, waarheid en liefde vir die ganse mensdom hervestig. Hy het 'n verbond met ons gesluit wat ons van die vloek van sonde vrygemaak het, en het ons daardeur die ewige lewe gegee as seun in die teenwoordigheid van die Vader.

As jy bereid is, onderteken hierdie verbond as 'n antwoord op die Eer wat Jesus Christus ons gegee het, en verbind jouself daartoe, met die hulp van die Heilige Gees, om:

1. Jou lewe as 'n Man van Eer in algehele oorgawe aan Jesus Christus ons Heer en Redder te lewe.

2. Sy aan sy met jou broers te veg om die berg te oorwin, die vlag te hys en die morele grondbeginsel vir God en Sy Koningryk te vestig.

3. Die verbond van die huwelik te eer deur jou vrou met opoffering en onvoorwaardelik lief te hê.

4. Jou verantwoordelikhede as pa te eer deurdat jy God se seën aan jou kinders oordra, deur hulle met 'n nederige hart in standvastige liefde en getrouheid in hul bestemming en doel inlei.

5. In integriteit en waarheid te wandel as rentmeester van die finansiële vertroue wat God op jou plaas.

6. Die doelwitte van God te dien, deur na betekenis vir Sy Koninkryk te streef.

7. 'n Man met 'n 'ander Gees' te wees wat met standvastige liefde en getrouheid, vertrou in die Woord en roeping van God op jou lewe.

8. Eer, waarde en waardigheid in mense se lewens waarmee jy omgaan, vas te lê.

9. Die planeet wat God aan jou toevertrou het, te Eer deur verantwoordelik daarna om te sien en die hulpbronne aan te wend.

10. 'Waardig' in God se roeping van jou lewe te wandel.

_______________________   _______________________
Geteken   Datum

____
Getuie

Regimente van Eer

Soos ek in die inleiding genoem het, gee ek erkenning aan die mans wat met dapperheid hul lewe opgeoffer het om ander te red. In die konteks van hierdie boek wil ek graag die fokus laat val op die mans wat as gevolg van hul verhouding met Jesus Christus, in 'n posisie van eer gesetel is. Hierdie eer het nie met roem of guns te doen nie, maar met waarde en waardigheid. Die belangrikste aspek van die boek is dat mans, deur hul optrede en lewens, waarde en waardigheid vaslê in ander met wie hulle te doen het. Hulle moet ook goddelike waardes in alle strukture van die samelewing beskerm en vasstel. Sodoende het hulle 'n 'doel gevind om voor te lewe en indien nodig te sterwe'.

My visie is dat Manne van Eer groepe gestig word, wat as Regimente van Eer dien, waar mans verkieslik een keer 'n maand kan ontmoet, om deur areas te werk waar hulle besig is om die Vlag van Eer in verskeie areas in hul lewens hoog te hou. Veral oor hoe hulle die morele grondbeginsel in die volgende areas onderhou:
- Morele waardes.
- Integriteit en waarheid.
- Eerlikheid en getrouheid ten opsigte van:
  1. Hul persoonlike pad met die Here in hul denke, woorde en optrede.
  2. Hul rol as eggenoot.
  3. Hul rol as pa.
  4. Hul besigheid, loopbaan en werksplek.
  5. Hul funksie en verantwoordelikheid by die kerk.

Gedurende kort groepsgesprekke kan julle probleme wat julle moet hanteer bespreek, bv:
- Keuses wat jy gemaak het of moet maak.
- Emosioneel of geestelike strydvoering wat jy moet hanteer.

Dit is ook 'n geleentheid om mekaar aan te moedig, te onder-
steun en om mekaar aanspreeklik te hou. Dit mag, weereens,
moontlik beteken om jou vriend te help om die spits van sy berg
te bereik.

Ek het 'n "Manne van Eer"-webblad begin waar goeie nuus en
getuienisse as aanmoediging met ander gedeel kan word. Ver-
skillende groepe kan volgens areas op die webblad gelys word
waar ander mans ook inligting kan kry. Gaan kyk na
www.menofhonor.co.za.

Vlae
Ons het lessenaarvlaggies ontwerp om jou daaraan te herinner
om getrou te bly aan jou roeping. Dit kan moontlik as 'n be-
sprekingspunt dien soos wat jy die boodskap aan ander oordra.
Plaas bestellings op ons webblad of per epos by
info@menofhonor.co.za.

Laastens, vertrou ek dié gedeelte aan jou toe:
2 Timoteus 2:1-4 "Jy dan, my seun, wees sterk deur die genade
wat ons in Christus Jesus het. Wat jy my voor baie getuies hoor
verkondig het, moet jy toevertrou aan betroubare mans wat be-
kwaam sal wees om dit ook aan ander te leer. Dra jou deel van
die ontberings soos 'n goeie soldaat van Jesus Christus. 'n Sol-
daat in aktiewe diens wat sy bevelvoerder tevrede wil stel, be-
moei hom nie met die dinge van die gewone lewe nie."

Wat jy van God gehoor het deur die boek, vertrou dit aan betrou-
bare mans wat ook ander sal onderrig toe.

As jy deur God gelei voel om die visie en ons bediening finan-
sieel of op enige ander manier te ondersteun, kan jy ons bedie-
ningswebblad besoek by **www.familytransformation.org**
of stuur aan ons 'n epos by **info@familytransformation.org.**

Ons sien uit daarna om van jou te hoor!

HULPBRONNE BESKIKBAAR VAN FAMILY TRANSFORMATION MINISTRIES

KURSUSSE BESKIKBAAR OP DVD

"Positioned for Blessing"- beskikbaar in Engels

Bevry mense van vernedering, gebrokenheid, gebondenheid en vestings. Bou en herstel gesinsverhoudings. Dit herposisioneer mense in seën om 'n seëning vir ander te word.

"Fan the Flame" - beskikbaar in Engels

Sewe lewensbelangrike bestanddele wat liefde, vuur en passie in 'n huwelik opbou. As een van die bestanddele uitgelaat word, kan dit selfs lei tot 'n ineenstorting van die huwelik. Dinamiese, prettige en praktiese sessies wat in 'n selgroep oor sewe weke of as 'n eendag-kursus gebruik kan word.

"Anointed Marriage" - beskikbaar in Engels

Ons begeer almal 'n dieper intimiteit, vreugde en vervulling in ons huwelik. Hierdie is 'n lewensveranderende kursus wat 'n vars salwing op jou huwelik sal vrystel om jou huwelik te herstel, op te bou en te bemagtig; gesinne te herstel en leiers te vestig.

"Women of Peace" of Vrou van Vrede- handleiding beskikbaar in Afrikaans

'n 14- week mentorskapprogram vir vroue. Dit behels dinamiese onderrig met kreatiewe aktiwiteite, interaktiewe groepbesprekings en bediening. Dit is daarop gemik om jou te lei om jou vrede te vind, jou passie te ontlont en om jou doel in jou lewe te definieer.

"Together Forever"

Is daarop gemik om praktiese en Bybelse fondasies by verloofde paartjies vas te lê om sterk en vervulde huwelike op te bou.

Ander hulpmiddels deur Drummond en Linday Robinson sluit in:

Kursusse:
The Anointed Marriage
Ignite your Marriage
Positioned For Blessing
Together Forever
Woman Of Peace
A Woman Beyond Compare
Women of Promise
Rising Above

Boeke:
Living In God's River Of Mercy (Available in Afrikaans, French & German)
Men Of Honor (Available in Afrikaans, Portuguese & Dutch)
7 Secrets To Fan The Flame
Captivating your Husband's Heart (Inspired by the Song of Songs)

Brosjure:
Living In Your Miracle
The Pearl Of Great Price (Children)
The Reward Of Honour
Two Kingdoms

VIR BESTELLINGS KONTAK:
www.familytransformation.org
www.fti-academy.org

CONTACT DETAILS:
Email: info@familytransformation.org
Tel: +2782 653 3188